Lotuszeit

SMART EDITION

Reflexion und Selbstcoaching mit dem Wiegandschen Lotus

von

TINA WIEGAND

Bibliografische Information der Deutschen Nationalbibliothek:
Die Deutsche Nationalbibliothek verzeichnet diese Publikation in der Deutschen Nationalbibliografie.
Detaillierte bibliografische Daten sind im Internet über http://dnb.dnb.de abrufbar.

Erstausgabe 2016, Landsberied
Zweite korrigierte Auflage 2018, Landsberied
Gestaltung Umschlag und Einband: Tina Wiegand
Herstellung und Druck: Bod, Norderstedt

ISBN 978-3-943746-12-9

Dankeschön!

Meinen Söhnen, von denen ich lernen durfte Mutter zu sein. Sie haben beschlossen, großartige Menschen zu werden.
Meinen Eltern und Großeltern, die schon lange tot sind und mich, jeder auf seine Weise, dazu gebracht haben, mich mit dem Mensch-Sein und seinem Ende auseinanderzusetzen.
Den vielen Klienten, die mir im Laufe der Zeit ihr Vertrauen geschenkt haben. Sie haben mich an ihren Geschichten teilhaben lassen und mir so erlaubt, meinen Erfahrungsschatz zu erweitern.
Den Psychosophic-Kollegen, die mich durch ihren Wissensdurst dazu inspiriert haben, meine Erfahrungen in Worte zu fassen.
Danke auch den Fremden, die die Dinge lieber mit sich alleine ausmachen. Wären sie nicht gewesen, wäre die Idee für die „Lotuszeit“ nicht entstanden.

Inhaltsverzeichnis

Die Lotuskarten 9
Vorwort 11
Anwendung 12
Arbeiten mit dem Tagebuch 12
Wie man die Lotuskarten einsetzt 12
Kurzeinführung in den Wiegandschen Lotus 15
Aufbau 15
Das Herkunftssystem - die Wurzeln des Lebens 15
Der „Kind-Lotus“ (Psychologie) 15
Der „Erwachsenen-Lotus“ (Philosophie) 16
Das Lebenswerk (Lebensergebnis) 16
Unisex - Das Mesotriarchat 17
Das Resonanzprinzip 17
Freiheit des Widerspruchs 18
Lebens-Stationen 20
Zeugung, Schwangerschaft und Geburt 20
Die vier Grundkräfte der Lebens-Balance 20
Die Schule 21
Die Pubertät 22
Normalität 22
Der „helle“ Weg 23
Der „dunkle“ Weg 24
Tafelritter und der Aufbruch ins Leben 25
König Artus und sein Camelot 26
Merlin - der weise Ratgeber 26
Spiritueller Lehrer und die letzte Initiation 27
Das Lebenswerk 28
Existenz - ein Erklärungsmodell 29
Übungsteil „Lotuskarten“ 30
Weiterführende Literatur & Tipps 120

Die Lotuskarten

1. Mesotriarchat
2. Herkunftssystem
3. Zeugung
4. Schwangerschaft
5. Geburt
6. Eigenrotation
7. Rotation um Andere
8. Gravitation
9. Fliehkraft
10. Schule
11. Pubertät
12. Normalität
13. Tafelritter
14. König Artus
15. Merlin
16. Spiritueller Lehrer
17. Lotuszeit
18. Alter Narr
19. Tyrann
20. Raubritter
21. Liebe
22. Hörigkeit
23. Luxus
24. Voodoo
25. Affenzirkus
26. Verirrungen
27. Müllseiten
28. Hemmnisse
29. Magie
30. Spiegel
31. Kreativität
32. Bildung
33. Flow
34. Handschrift
35. Einfluss
36. Transformation
37. Instinktnatur
38. Intuition
39. Staunen
40. Zeitherrscher
41. Heilung
42. Verantwortung
43. Couch
44. Talent
45. Konzentration
46. Zeremonie
47. Inneres Kind
48. Märchen
49. Hingabe
50. Motivation
51. Dankbarkeit
52. Feng Shui
53. Schuld
54. Trägheit
55. Geiz
56. Missgunst
57. Hass
58. Eitler Hochmut
59. Habgier
60. Rote Schuhe

Vorwort

Manchmal ist das Leben verwirrend und allzu leicht geht das Gefühl für die richtige Richtung und der Glauben an die Sinnhaftigkeit verloren. Doch bei allem, was in Ihrem Leben passiert, spielt das Unterbewusstsein mit. Das Unbewusste ist etwas Heimliches. Macht man das Heimliche bewusst, kann es auch mal unheimlich werden. Doch der Vorstoß in die eigenen unbewussten Tiefen ist ein ganz besonderes, spannendes Abenteuer. Sie tragen, wie jeder Mensch, eine ganz besondere Geschichte in sich. Eine Geschichte, die schon lange vor Ihrer Zeugung begonnen hat und an der Sie täglich mit jeder Entscheidung und jeder Erfahrung schreiben. Mit dem Wiegandschen Lotus dringen Sie in das Geheimnis Ihrer ganz persönlichen Geschichte vor. Gehen Sie achtsam Schritt für Schritt durch die verschiedenen Stationen, denken Sie nach, schreiben Sie auf und tauschen Sie sich mit Vertrauten dazu aus. Entwickeln Sie den goldenen Daumen, der Ihr Leben zum Gedeihen bringt.

Der Mensch ist und bleibt ein komplexes Wesen. Daher ist auch das Modell komplex und sehr umfangreich, aber trotzdem eingängig, leicht zu verstehen und sofort praktisch anwendbar.

Die „Lotuszeit" ist aus meinem ehrlichen, freundlichen Interesse am Menschen entstanden, das Sie auch in die tieferen Schichten Ihres Seins begleitet. Bringen auch Sie sich freundliche Neugier entgegen, um sich und Ihre Wirkung besser zu verstehen. Verabreden Sie sich mit sich selbst oder mit wirklich guten Freunden und schenken Sie sich wertvolle Lotuszeit. Sie sind es wert.

Um die Synchronizitäten optimal nutzen zu können, empfiehlt sich die Arbeit mit dem Lotus-Kartendeck. Wenn Sie die Lotuszeit nicht schon im Set besitzen, können Sie das Kartenset Smart Edition unter ISBN 978-3-943746-608-2 auf www.soulfit.de oder im Buchhandel bestellen.

Anwendung

Die Lotuskarten inspirieren Ihre Selbstbetrachtung und helfen dabei, Ihre innere Haltung zu reflektieren. Über die Bewusstmachung Ihrer inneren Strukturen und Muster finden Sie Ansätze für die Verbesserung Ihrer Lebensqualität. Gleichzeitig erhöht sich Ihre Selbstwirksamkeit und die Qualität Ihrer Beziehungen wird vertieft. Mit jeder Karte erhalten Sie einen Übungs- und einen Fragenkomplex, die Erkenntnisprozesse in Ihnen anregen. Lassen Sie sich freundlich und nachsichtig auf sich selbst ein und gehen Sie davon aus, dass auch vordergründig Negatives einen verborgenen positiven Aspekt hat.

Arbeiten mit dem Tagebuch

Tagebücher sind entgegen anders lautender Annahmen nicht nur „was für Mädchen“ ;-). Sie sind das Werkzeug eines jeden, der seiner Wirklichkeit über „Form-ulierung“ eigenverantwortlich eine Form geben möchte. Den eigenen Gedanken die Ehre zu geben, ist die Grundlage aller Selbst-wertschätzung.

Wie man die Lotuskarten einsetzt

Variante 1: Ziehen Sie intuitiv eine Karte aus dem Stapel. Sie können davon ausgehen, dass Sie immer das „richtige“ Thema ziehen, das zu Ihrer aktuellen Situation passt. Das nennt man Synchronizität.

Variante 2: Wenn Sie die Karten von 1 bis 60 chronologisch durcharbeiten, können Sie damit einen Selbstcoachingprozess über mehrere Wochen durchführen. Tauschen Sie sich ruhig ab und zu mit Vertrauten zu den verschiedenen Themen aus. Inspiration hilft immer. Notieren Sie Ihre Gedanken dazu im Tagebuch und denken Sie über die Zusammenhänge nach.

Variante 3: Nehmen Sie eine Karte in die Hand und erspüren Sie „das Feld der Karte“. Erklärungen und Übungen dazu finden Sie bei Karte 38

„Intuition". Mit Intuitionsübungen schärfen Sie Ihre Selbstwahrnehmung. Das bedeutet, Sie lernen, die subtilen Unterschiede Ihrer geistigen, emotionalen und körperlichen Reaktionen zu registrieren. Mit der verbesserten Selbstwahrnehmung schärfen Sie die Beziehung zu Ihrem Bauchgefühl, was Ihnen mit der Zeit immer öfter erlaubt „zwischen den Zeilen zu lesen", um so bessere Entscheidungen zu treffen.

Variante 4: Schreiben Sie eine konkrete Frage, die Sie persönlich gerade beschäftigt, in Ihr Tagebuch und ziehen Sie eine Karte. Notieren Sie Ihre spontanen Impulse. Wenn das noch nicht ausreicht, beschäftigen Sie sich zwei Tage mit dem Thema der Karte, nicht aber mit Ihrer Frage. Lesen Sie erst danach die Frage nochmals und prüfen Sie, welche Antworten hinzu gekommen sind. Bitte bedenken Sie, dass manche blinde Flecken nur mit professioneller Unterstützung (z.B. durch einen Coach) aufgelöst werden können.

Variante 5: Nutzen Sie die Lotuskarten für Ihre Visionsarbeit. Beschäftigen Sie sich mit den Lebensphasen und den dazu gehörigen Zielen. Näheres finden Sie bei der Karte 17 „Lotuszeit".

Der Themenkomplex einer Karte kann Sie eine ganze Woche beschäftigen. Erlauben Sie sich, diese Zeit in Ihr geistiges Wachstum zu investieren. Ein Return on Investment ist Ihnen gewiss. Durch die Selbstreflexion allein können sich bereits Blockaden lösen, die Sie bisher behindert haben.

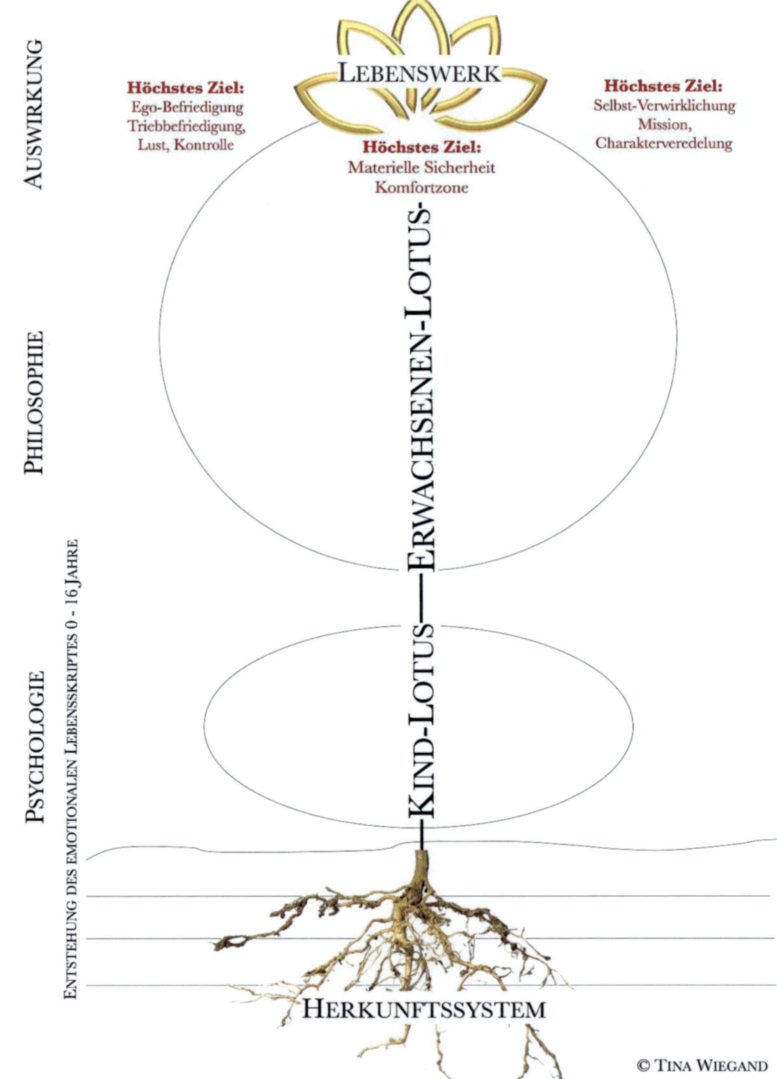
Auswirkung
Philosophie
Psychologie
Entstehung des emotionalen Lebensskriptes 0 - 16 Jahre
Lebenswerk
Höchstes Ziel:
Ego-Befriedigung
Triebbefriedigung,
Lust, Kontrolle
Höchstes Ziel:
Materielle Sicherheit
Komfortzone
Höchstes Ziel:
Selbst-Verwirklichung
Mission,
Charakterveredelung
Erwachsenen-Lotus-
Kind-Lotus
Herkunftssystem
© Tina Wiegand

Kurzeinführung in den Wiegandschen Lotus

Aufbau

Der Wiegandsche Lotus beinhaltet vier Teile: das Herkunftssystem, den „Kind-Lotus", den „Erwachsenen-Lotus" und das „Lebenswerk".

Das Herkunftssystem - die Wurzeln des Lebens

Ihre Vorfahren verbinden Sie genetisch in ununterbrochener Linie mit dem Anbeginn des menschlichen Daseins. Alle Lebenserfahrung Ihrer Vorfahren ist in Ihrem genetischen Code enthalten. Auch ungelöste Familienkonflikte, die schon Generationen alt sind., so genannte „Episkripte" werden „wie eine heiße Kartoffel" von einer Generation auf die nächste übertragen.(Claude Steiner). Solche heißen Kartoffeln gibt es in jeder Familie. Derjenige, der unbewusst die Aufgabe übernimmt, diese aufzulösen, zeichnet sich oft durch einen unkonventionellen und häufig schwierigen Lebenslauf aus. Die Herkunft der Vorfahren und ihre Erfahrungen mit den spezifischen historischen, sozialen und politischen Umständen sind im genetischen Gut des Menschen enthalten und wirken sich auf die Nachkommen aus. Durch moderne systemische Verfahren und Simulationen, kann das Herkunftssystem auch dann verstanden werden, wenn die Vorfahren schon lange tot sind. Wie man heute weiß, sind Gene nicht zwangsläufig in Stein gemeißelt und können verändert werden. „Wo ein Wille, da ein Weg" ist ein uraltes Sprichwort. „Wo kein Wille, da Beton" gilt allerdings genau so. Auch der Glaube versetzt nur die Berge, die nicht durch Rechthaberei genau dort erwünscht sind, wo sie am meisten blockieren.

Der „Kind-Lotus" (Psychologie)

Der Kind-Lotus beinhaltet wesentliche psychologische Faktoren, die das spätere Gedanken- und Emotionsgerüst des Erwachsenen prägen und die Eckpfeiler für sein „Lebensdrehbuch" darstellen. Diese psychologischen Faktoren sind aus gängigen psychologischen Lehren abgeleitet. Wollen Sie verhindern, dass unbewusste Rückschlüsse aus der Kindheit unkontrolliert den Schlitten fahren, auf dem Sie sitzen, gilt es, negative Selbstüberzeugungen zu korrigieren. Mit dem „Kind-Lotus“ werden die Dinge klarer und Sie lernen, ein versierter Regisseur Ihres Berufs- und Privatlebens zu werden.

Der „Erwachsenen-Lotus“ (Philosophie)

Der Erwachsenen-Lotus beschreibt drei Entscheidungsqualitäten. Der „helle Weg“ zeigt die Orientierung an den Werten des „Höheren Selbst“. Der „normale Weg“ beinhaltet die Orientierung an der Masse. „Den dunklen Weg“ erkennt man da, wo schnelle Lust- und Triebbefriedigung, also das Ego, bis hin zur Gewalt eine Rolle spielen. Der „helle Weg“ beinhaltet die Integration von Eigen-Verantwortung bis ins hohe Alter und vier wichtige Lebensstationen mit ihren spezifischen Erlebnisweisen und Lernaufgaben. Dieses Gerüst aus vier Stationen erleichtert die Orientierung bei der Visionsarbeit und gibt Ihnen Struktur und Perspektive, die Ihnen erlaubt, Ihren „erweiterten Lebenserfolg“ in Betracht ziehen zu können. Gleichzeitig werden Umbruchkrisen, die jedes Leben prägen, verständlicher und bekommen einen Sinn - wenn sie nicht sogar durch gute Vorbereitung abgemildert werden können.

Das Lebenswerk (Lebensergebnis)

Das Lebenswerk ist das Ergebnis, die Auswirkung eines Menschenlebens. Es trägt die Handschrift seiner jeweiligen Persönlichkeit. Es ist das, was ein Mensch als materielles und immaterielles Erbe hinterlässt. Dazu gehört alles, was er durch seinen Beruf geschaffen hat, seine Werke, die Qualität seiner Beziehungen, Nachkommen, Zitate, der körperliche Zustand, die Entwicklungserfahrungen der Persönlichkeit und vieles mehr. Ein bewusst und liebevoll gestaltetes Lebenswerk verleiht dem Leben einen tieferen Sinn und hilft dabei, schwere Zeiten zu überstehen. Die Qualität des Lebenswerkes steht in Wechselwirkung mit Persönlichkeitsreife und Zufriedenheit eines Menschen. Jedes Individuum muss für sich herausfinden, was der „erweiterte Lebenserfolg“ für ihn oder sie bedeutet und auf was es am Ende im tiefsten Inneren wirklich ankommt.

Unisex - Das Mesotriarchat

Der Lotus ist ein „Unisex Modell“, obwohl die Stationen des Erwachsenen-Lotus männlich benannt sind. Dieser Umstand bezieht sich darauf, dass die Ratio als männlich und die Emotio als weiblich betrachtet wird. C.G. Jung bezog sich auf Anima und Animus. In fernöstlichen Betrachtungsweisen werden die beiden Teile „Ying und Yang“ genannt, in hermetischen Betrachtungsweisen wird der Mensch auf der emotionalen und mentalen Ebene als Hermaphrodit gesehen. Da die Stationen durch die bewusste, rationale Entscheidung des Menschen entschieden werden, werden sie mit männlichen Namen bedacht. Das Weibliche in jedem Menschen, die Emotio, ist das *Wesen*tliche, um das es bei dem gesamten Lebensweg geht. Das Konzept des Mesotriarchats erlaubt einen liebevolleren Umgang mit den geschlechtlichen Unterschieden und soll die „Gender-Diskussion“ etwas befrieden.

Das Resonanzprinzip

All diesen Überlegungen liegt das so genannte „Resonanzprinzip“ zugrunde, die Synchronizität (C.G. Jung). Das bedeutet, dass jeder Mensch das erlebt, was seinem Weltbild entspricht. Das Weltbild ist wie eine Matrix, ein Bild aus vielen Pixeln, die durch Erfahrungen entstanden sind. Ein Konglomerat an rationalen und emotionalen Überzeugungen. Was nicht im Lauf der Zeit auf rationaler oder emotionaler Ebene verändert wird, wiederholt sich im „täglich grüßenden Murmeltier.“ Da innere Überzeugungen die Wahrnehmung ebenso stark beeinflussen, wie die Bewertung des Wahrgenommenen, wiederholt ein Mensch seine Realität, bis er dazulernt. Jeder, der schon mal einen Glaubenssatz in sich identifiziert und verändert hat, weiß, dass die Welt sich schlagartig ändern kann und scheinbar Unabänderliches plötzlich verändert ist. Hier setzen die Möglichkeiten zur Selbstgestaltung an, die Sie nutzen können, wenn Sie über die entsprechenden Informationen verfügen. Der Wiegandsche Lotus ist in der Psychotherapie entstanden, dort, wo aus den Fugen geratenes Leben wieder in Ordnung gebracht werden muss. Grundsätzlich kann jedes Leben in Ordnung gebracht werden, sofern sein Inhaber das möchte. Das Leben ist wie ein temperamentvolles Pferd. Je mehr man vom Reiten versteht, umso mehr Spass macht der Ausritt.

Freiheit des Widerspruchs

Der freie Wille beinhaltet eine Vielzahl von Möglichkeiten, also auch das Recht, eventuell vorhandenes Potential *nicht* zu nutzen. Daraus ergibt sich auch das „Recht auf ein unglückliches Leben". Auch, wenn das absolut unlogisch erscheint, gibt es psychologische Gründe, auf ein negatives Lebens-Drehbuch zu bestehen. Dieses Recht wird von keiner menschlichen Instanz gewährt, sondern ergibt sich aus der Tatsache, dass der freie Wille existiert. In der Psychotherapie lässt sich beobachten, dass unbewusste Überzeugungen eine direkte Auswirkung auf die Lebensrealität haben. Löst man diese Überzeugungen zugunsten einer lebensbejahenden Haltung auf, so verändert sich auch die Welt des Betreffenden. Ziel des Wiegandschen Lotus ist, diejenigen über die Einflussmechanismen aufzuklären und zu informieren, die sich für eine eigenverantwortliche Selbstgestaltung des Lebens entscheiden möchten. Der Wiegandsche Lotus möchte dazu einladen, das eigene Lebenswerk bewusst zu gestalten und in Situationen der Hemm- und Hindernisse seine psychologischen und herkunftssystemischen Prägungen mit zu berücksichtigen und gegebenenfalls zu korrigieren.

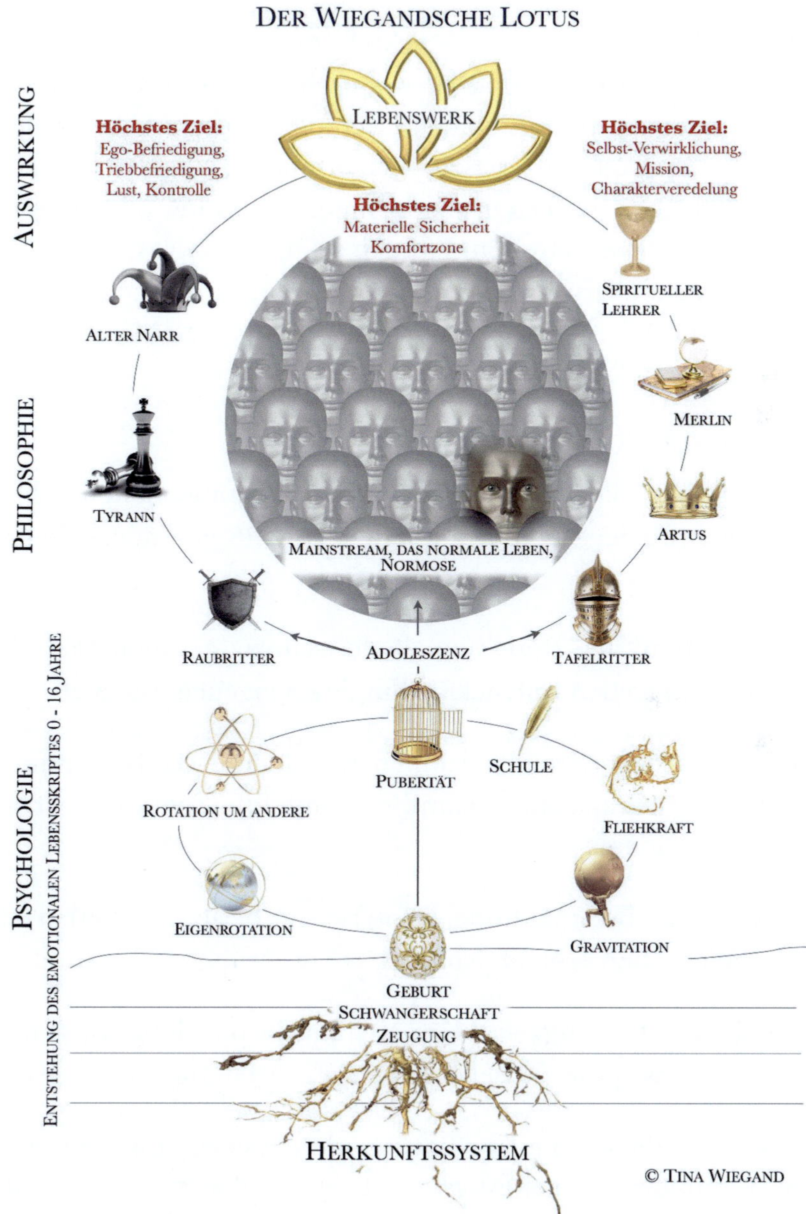
DER WIEGANDSCHE LOTUS
LEBENSWERK
AUSWIRKUNG
Höchstes Ziel:
Ego-Befriedigung,
Triebbefriedigung,
Lust, Kontrolle
Höchstes Ziel:
Materielle Sicherheit
Komfortzone
Höchstes Ziel:
Selbst-Verwirklichung,
Mission,
Charakterveredelung
SPIRITUELLER
LEHRER
ALTER NARR
MERLIN
PHILOSOPHIE
TYRANN
ARTUS
MAINSTREAM, DAS NORMALE LEBEN,
NORMOSE
RAUBRITTER
ADOLESZENZ
TAFELRITTER
PSYCHOLOGIE
ENTSTEHUNG DES EMOTIONALEN LEBENSSKRIPTES 0 - 16 JAHRE
PUBERTÄT
SCHULE
ROTATION UM ANDERE
FLIEHKRAFT
EIGENROTATION
GRAVITATION
GEBURT
SCHWANGERSCHAFT
ZEUGUNG
HERKUNFTSSYSTEM
© TINA WIEGAND

Lebens-Stationen

Zeugung, Schwangerschaft und Geburt

Mit tiefenpsychologischen und hypnotischen Verfahren kann gezeigt werden, dass Zeugung und pränatale Prägung in Ihrem Leben eine weitere zentrale Rolle spielen. In diesen Lebensphasen werden grundlegende Überzeugungen über die Daseinsberechtigung - positiv oder negativ - auf rein emotionaler Ebene getroffen. Werden sie nicht bewusst gemacht, wirken sie wie unbewusste „Virusprogramme“ und steuern das grundlegende „In-der-Welt-Sein“ und damit die existenziellen Fragen wesentlich mit. Die gute Nachricht: „Software“ kann man umprogrammieren.

Die vier Grundkräfte der Lebens-Balance

Wie die vier Kräfte, die unser Sonnensystem zusammenhalten, gibt es auch auf psychischer Ebene vier Grundkräfte, die eine gesunde Lebensbalance erzeugen:

- Die Eigenrotation: Ich-Beziehung, Selbstschutz, gesunde Selbstfürsorge, Interesse an der eigenen Entwicklung und den eigenen Talenten

- Die Rotation um andere: Beziehung zu anderen, Liebe, Freundschaft/ Feindschaft, (Partnerschaft, Familie, Umfeld) Fürsorge, Pflege und Unterstützung anderer

- Die Gravitation: Bodenhaftung, materieller Besitz, Sicherheit (Selbst-) Disziplin, Pflicht, Beruf, Geld, Routine, Fokussierung

- Die Fliehkraft: Leichtigkeit, Kreativität, Inspiration, Beziehung zur Veränderung, Bewegung, Reisen, Lernen, Zerstreuung

Die vier Grundkräfte der Lebens-Balance sind angelehnt an Fritz Riemanns Theorien (Grundformen der Angst), mit der Analogie zu den Kräften, die unsere Milchstraße in ihrer Balance zusammenhalten. Wie im Sternensystem müssen diese vier Kräfte auch in Ihrer Psyche eine harmonische Balance bilden. Beispiele: Sie machen Ihre Steuererklärung nicht ausgerechnet dann, wenn Sie bei einem romantischen Dinner zu zweit sitzen. Sie machen auch nicht ausgerechnet dann eine Weltreise, wenn Ihre Braut/Ihr Bräutigam mit den Ringen vor der Kirche steht. Wenn Sie sich doch so verhalten, werden Sie vermutlich darunter leiden, dass andere nicht mit Ihnen einverstanden sind. Wie steht es also um Ihre Fähigkeit, Notwendigkeiten zu erkennen und weitgehend widerstandsfrei, adäquat darauf reagieren zu können? Jede Kraft hat ihre Daseinsberechtigung und ihre Zeit.

Die Schule

In den wenigsten therapeutischen Schulen wird die Schulzeit als eigene Entwicklungsphase betrachtet. Das aktuelle Schulsystem ist ein System von Beamten für Beamte und damit für jegliche Form von Kreativität oder Unternehmermentalität weniger geeignet. Hier findet ein Großteil der sozialen Anpassung statt. Es gibt viele Menschen, die in ihrer Schulzeit unter dem Mobbing durch Mitschüler und der psychischen Gewalt von Lehrern gelitten haben. Für die meisten Kinder hat die Lust am Lernen spätestens in der 3. Klasse stark gelitten. Das Lernverhalten ist für ein ganzes Leben negativ geprägt worden und das Vertrauen in andere Menschen nachhaltig gestört. In unserer Arbeit haben wir festgestellt, dass die Bindung eines Kindes an einen Lehrer sehr stark ist. Die seelische Verletzung, die der Beziehungssadismus anrichtet, den viele Lehrer ungestraft an ihren Schülern ausagieren, haben viele am eigenen Leib erlebt. Gut, dass es in fast jeder Schule wenigstens eine Handvoll engagierter, guter Lehrer gibt, die das Selbstkonzept der jungen Menschen aufrecht erhalten. Neben den Eltern sind die Lehrer diejenigen, die die Psyche der Jugendlichen am meisten beeinflussen. Dass in der Bildung mehr in Rotstifte als in die optimale Anleitung unseres Nachwuchses investiert wird, kann nur damit erklärt werden, dass diejenigen, die an entscheidender Stelle sitzen, die sozialen Notwendigkeiten und die Tragweite der psychischen Gewalt im Schulbetrieb nur bedingt erkennen. Eine Gesellschaft, die nichts für ihre Zukunft übrig hat, sägt an dem Ast, auf dem sie sitzt. Eigenverantwortung und Selbstfürsorge für die eigene Lernhaltung machen es möglich, negative Erlebnisse auszuheilen. Jedem seelisch gesunden Menschen macht Lernen Freude.

Die Pubertät

In der Pubertät wird geklärt, inwiefern ein Jugendlicher die elterlichen Werte-Welten in Frage stellen darf, um zu vergleichen und sich eventuell anders zu orientieren. Mit der Pubertät sind die wesentlich prägenden Phasen abgeschlossen. In diesem Alter ist das „Lebensskript" fertig geschrieben und tritt ins Unbewusste zurück. Als Teenager wussten Sie also noch, dass Sie ein Lebensdrehbuch auf emotionaler Ebene geschrieben haben. Als Erwachsener haben Sie dies in der Regel vergessen. Wenn junge Menschen im Teenageralter über die psychologischen Faktoren in ihrem Leben aufgeklärt werden, sind sie sehr aufmerksam und lernen schnell, positiv auf ihr Leben einzuwirken. Oft werden sie in der Suche nach Orientierungspersonen enttäuscht. Die Orientierungspersonen im Wiegandschen Lotus sind Sagengestalten, also keine realen Personen, sondern Archetypen. Das bedeutet, dass symbolträchtige Bilder benutzt werden, die vom Unterbewusstsein leicht verstanden und eingeordnet werden können.

Normalität

Der Einstieg in ein „normales" Erwachsenenleben bedeutet Anpassung an bestimmte Normen. Aus Angst vor Demütigung und Schmach, opfern junge Menschen oft ihre Fähigkeit zu hinterfragen dem „Man Muss" - wer auch immer „man" ist. Mit der Individualität werden in der Anpassung die Träume zugunsten eines „sicheren Weges" aufgegeben. In der Welt des Homo Oeconomicus ist die Angst vor dem finanziellen Versagen besonders groß. Panikmache vor eventuellem Risiko ist allgegenwärtig, da viele Absatzmärkte von der Angst abhängig sind. Nach dem Motto „mühsam ernährt sich das Eichhörnchen" werden daher Sicherheiten Stück für Stück aufgebaut, Sparverträge angespart und die Rente vorbereitet. Unter dem Zwang normal zu sein, entsteht die „Normose" (Werner Meinhold). Der emotionale Protest der Persönlichkeitsanteile, die einen risikoreicheren, aber gesünderen und kreativeren Weg präferieren würden, werden betäubt. Die Betäubung kann stofflich geschehen (Rauschmittel, Medikamente etc.) oder nichtstofflich (Konsum-, Fernseh-, Sex-, Vergnügungssucht etc.) oder durch Psychospiele (Zeitvertreib). Näheres dazu finden Sie bei der Karte 40 „Zeitherrscher". Im Hintergrund lauern beim „Normotiker" jedoch immer düstere Gewaltanteile, die aus der Lebensenttäuschung erwachsen. Diese Gewaltanteile können z.B. zur Manipulation benutzt werden. Seine ungelebten Bedürfnisse machen den normotischen Menschen zum Spielball monetärer Interessen Dritter, die für Ersatz und Kompensation sorgen.

Der „helle" Weg

Um Missverständnissen vorzubeugen: hier geht es nicht um die Beschreibung eines „elitären Daseins". Im Grunde muss jeder Mensch zu jedem Zeitpunkt im Einzelfall entscheiden, was er oder sie zu tun hat. Nicht jeder wird ein Buddha oder Jesus. Aber die Orientierung am „hellen Weg" führt in eine vertiefte Persönlichkeitsentwicklung. Der helle Weg verwandelt Beruf in Mission, wie auch immer diese aussehen mag. Werte und das Persönlichkeitswachstum sind durchaus mit Wohlstand vereinbar. Der Unterschied ist, dass monetäre Absicherung nicht das Hauptziel des Tuns ist. Der Wohlstand ist eher ein „Abfallprodukt", eine Konsequenz aus dem „richtigen", also authentischen Tun. Wesentlicher ist der Wunsch, die Weisheit des Lebens zu erfassen, Liebe zu erleben, etwas konstruktiv umzusetzen und Sinnhaftigkeit für sich zu entdecken. Die Freude entspringt dem Können dessen, was man sich geduldig angeeignet hat. Investition ist eher das Mittel der Wahl als Konsum. Das Nutzen der Zeit (carpe diem) ist sinnvoller als Zeitvertreib, Genuss wichtiger als Sucht. Der Geist ist klar und hell und es entwickeln sich „helle Kerlchen" im Gegensatz zu den „dunklen Gesellen". Der „helle Weg" ist der anspruchsvollere, manchmal anstrengendere. Hindernisse können nur durch geradlinige Stringenz, Selbstentwicklung und Aufrichtigkeit, nicht aber durch krumme Touren überwunden werden. Der Mensch entwickelt sich in sein Ziel hinein. Die tiefere Zufriedenheit, die mit der Zeit aus der Authentizität entsteht, ermöglicht Stabilität von innen.

Der „dunkle" Weg

Benutzt wird der Normotiker aus seiner Sicht von den „dunklen Eliten", die von ihm oft als Negativbeispiele für Karriere- und Erfolgsgeschichten angegeben werden. Erfolgreiche Menschen hält der Normotiker automatisch für böse. Damit rechtfertigt er seine Erfolgsverweigerung. Der dunkle Weg ist der kürzeste, damit oft unehrliche, manchmal sogar gewaltsame Weg zum Luxus. Damit handelt es sich um ein klares Nein zur anstrengenden Kompetenzaneignung und - was erst später bewusst wird - die Verfehlung der Persönlichkeitsreife. Liebesfähigkeit als größte Macht des Menschen braucht man hier nicht einmal zu erwähnen, denn sie wird auf dem dunklen Weg abgewehrt und als verachtenswert betrachtet.
Das Leben kann man nur rückwärts verstehen, aber leben muss man es vorwärts. Das erklärt, warum viele Menschen in Ellbogengesellschaften den dunklen Weg für vorteilhafter halten. Der Tod ist weitgehend ausgegrenzt und wird als Tabu gehandelt. Man träumt von ewiger Jugend und dem ewigen Leben. Daraus resultiert die bis zur Unkenntlichkeit geliftete Frau oder der 70jährige „Alte Narr" mit Goldkettchen auf Aufriss-Tour. Wichtig ist vorrangig die materielle Absicherung. In den letzten Momenten des Lebens erkennt so mancher Mensch, dass er einem unglaublichen Irrtum aufgelaufen ist. Der Weg vom Raubritter, der für den Besitz, den er sich einverleibt, über Leichen geht, führt über das Dasein als Tyrann, ins Dasein des „Alten Narren". Letzter ist allerdings oft auch das Ergebnis eines normotischen Lebens. Im Gegensatz zu „Merlin", der sich von den Konventionen befreit hat und zu heiteren, humorvollen Narreteien in der Lage ist, hat der „Alte Narr" sein Leben lang egozentrische Bedürfnisse, sein Kontroll- und Gewaltbedürfnis, und damit seine Ängste bedient. So wird er

im höheren Alter mit der Angst vor dem (Kontroll-)Verlust konfrontiert, den er immer verbissener zu verhindern sucht. Der sich krampfhaft an vergangene Jugend und Macht klammernde Mensch wird, statt weise und kindlich staunend, zum kindischen, pflegebedürftigen Säugling. Durch Kompensation wurden ein Leben lang Probleme beseitigt, aber nicht gelöst. Im Alter sorgt das Nicht-Gelöste für Symptome, Krankheit und viele andere Probleme. So wird erst spät bewusst, dass der Weg des Siegers, gemessen am Weg des Gewinners, immer ein Weg des Verlierers ist. Das Immaterielle wird weder gesehen noch gewertschätzt und dieses Manko hinterlässt ein tiefes Gefühl von Leere.

Tafelritter und der Aufbruch ins Leben

Das junge Bewusstsein strotzt vor Kraft, ist noch stark an der materiellen Welt orientiert und sexuell motiviert. Es geht um Partnersuche, junges, kraftvolles Auftreten und die, für das junge Bewusstsein typische Weltverbesserungsmentalität. Dieser idealistische, jugendliche Anstand wird mit der Suche nach dem heiligen Gral symbolisch dargestellt. Diese Suche führt zunächst in die Welt hinaus, bis später erkannt wird, dass der heilige Gral der höchste erreichbare Zustand von Glück im Innen und kein wertvoller Gegenstand im Außen ist. Das ist dem jungen ritterlichen Bewusstsein jedoch noch nicht bekannt und es macht sich auf, um die Welt im Außen zu verbessern. Die Wandlungskrise in die nächste Entwicklungsstufe wird von denen, die ihre Jugend nicht zugunsten eines tieferen Lebenssinns hinter sich lassen können, oft als unerträglich erlebt. „Der Club 27" besteht aus Prominenten, die im Alter von 27 Jahren gestorben sind. James Dean, Amy Winehouse, Jimi Hendrix, Brian Jones, Janis Joplin, etc. ist gemeinsam, dass sie es sehr früh „geschafft" hatten. Ihre Vision aber galt nur für die Zeit der Jugend. Sie blieben innerlich leer und ohne Perspektive für die Zukunft. Deswegen endete ihre Mission früh. Auch war ihnen gemeinsam, dass sie in ihrem Suchen nach Orientierung an Tyrannen gerieten, die sie über Drogen an sich banden und sie ausbeuteten. Lassen wir dahin gestellt, ob sie an den Drogen oder der Enttäuschung starben.

König Artus und sein Camelot

Der junge Ritter wird erwachsen, hat seine Mission gefunden und versucht nun, sein „Camelot“, seine Mission in die Tat umzusetzen. Auf die „normale Welt“ angewandt bedeutet das die Gründung der Familie, Übernahme beruflicher Verantwortung, bei Führungskräften, neben dem Nachwuchs auch für Mitarbeiter oder Angestellte, soziale Verantwortung. Die Herausforderung liegt unter anderem darin, den Idealismus gegen die Zwänge des Alltags durchzusetzen und Stringenz nicht mit Fanatismus zu verwechseln. In den „Busy Years“ behalten Sie die Reifen am besten auf der Straße, wenn Sie sich vor Augen führen, dass Sie bei diesen Geschwindigkeiten aus der Kurve getragen werden könnten und niemand allwissend ist. Sich in regelmässigen Abständen mit einem „Merlin“ auszutauschen, kann ein guter Sicherheitsgurt sein. Die eigenen Interessen müssen mit den Interessen des Bezugssystems im Sinne der Mission abgestimmt werden. Es gibt Interessenkonflikte und Gegner, die im Außen die Umsetzung des neuen Konzeptes verhindern wollen. Das System wehrt sich gegen die Umsetzung der neuen Ideen und die Veränderung. Um das Ziel zu erreichen, bedarf es eines Entwicklungsprozesses, der junge Hitzköpfigkeit in ausdauernde Zielorientierung transformiert. Ein Abgleich zwischen hochfliegenden Träumen und Umsetzbarkeit muss gefunden werden. Für denjenigen, der nicht seine innere Weiblichkeit und seinen „Merlin“ befragt und dort nach Antworten sucht, wird sein idealistisches Ziel nicht umsetzbar sein. Er wäre damit gezwungen, sich „der Normalität“ anzupassen. Ein Abgleiten in den leblosen, modernen „jung-dynamisch-erfolgreich“ Marketing-Sermon steht als Gefahr ins Haus. Zusätzlich beginnt der Umgang mit den „Tafelrittern“ und die Anforderung, sich als Vorbild zur Verfügung zu stellen.

Merlin - der weise Ratgeber

Merlin ist der Zauberer, der König Artus als weiser Berater zur Seite steht. Auf unsere Welt übertragen, ist dies das geschulte, weise Bewusstsein eines Menschen, das erkannt hat, dass die äußere Realität in direktem

Zusammenhang mit den inneren Überzeugungen steht und geistige Kräfte über das Leben herrschen. Das Lebensskript ist analysiert, die wesentlichen schädigenden Überzeugungen sind erkannt und transformiert. Merlin sieht seinen Lebenssinn im Dienst an den jüngeren Generationen. Als Mentor, Berater und Orientierungsperson dient er der Zukunft, die ihm nachfolgt. Da er selbst ein Leben lang Lernender war, wird sein Rat auch gerne angenommen. Das Merlin-Bewusstsein altert nicht, es reift und nimmt regen Anteil an der greifbaren Realität. Im Gegensatz zu den Annahmen der „Gender Diversity" gibt es zwar körperliche Unterschiede zwischen dem männlichen „Merlin" und der weiblichen „Weisen Frau". Auf der immateriellen Ebene spielen die geschlechtlichen Unterschiede jedoch keine Rolle mehr. Beide haben Zugang zum Unbewussten und sind in der Lage, von dort Informationen zu generieren, die auf die äußere greifbare Realität anwendbar sind. Liebe hat eine größere Dimension bekommen und geht weit über das hinaus, was im normotischen Sinne „gemeinsam alt werden" bedeutet. Ein lebenslanger Explorationsprozess hat diese Fähigkeiten geschärft. Der Fokus richtet sich stark auf die Korrelation zwischen inneren und äußeren Vorgängen. Diese Zusammenhänge sind Selbstverständnis.

Spiritueller Lehrer und die letzte Initiation

In dieser Lebensphase nimmt die Teilnahme an äußeren Zusammenhängen ab und es beginnt der Prozess, der darauf vorbereitet, das „Zeitliche segnen zu können". In einer intensiven Rückschau wird bewusst, dass Gut und Böse nebeneinander existieren und sich gegenseitig bedingen. In Anbetracht der folgenden „Abschlussbilanz" wird Wertung endgültig überwunden und das Mysterium des Lebens erkannt. In der Rückschau fällt der Blick auf den eigenen Lebensprozess und damit verbunden auf das Lebenswerk. In der spirituellen Innenschau findet eine Aussöhnung mit dem Nicht-Erreichten statt, indem das „Anhaften an Wünschen" überwunden wird. Es beginnt eine bewusste Vorbereitung auf die „letzte Initiation", das bewusste Verlassen der irdischen Existenz. Meditative Zustände setzen sich oft von selbst durch. Das geistige Erfassen des Jenseits beginnt und das Loslassen des Diesseits setzt ein.

Das Lebenswerk

Kurt Hahn hat 1908 die „schöpferische Leidenschaft“ beschrieben, Maria Montessori „die Polarisierung der Aufmerksamkeit“ und Mihaly Csikszentmihalyi „den Flow“. Arbeit und die Qualität der Arbeit gehören neben gesunder Lebensführung zu den wesentlichen gesundheitserhaltenden Faktoren. Das Lebenswerk des Wiegandschen Lotus umfasst über die Arbeit und die greifbare Welt des Menschen hinaus alles, was an Beziehungen und Worten gestaltet wurde. Die Blüte des Wiegandschen Lotus wird durch den Blumenstengel gespeist, der im Herkunftssystem wurzelt und durch die Erfahrungen aller Lebensbereiche bis hin zur Blüte führt. Das Lebenswerk, dargestellt mit der Lotusblüte, zeigt das, was der Mensch in seinem Leben war oder nicht war, getan hat oder nicht getan hat. Hier wird schmerzlich bewusst, wenn die Authentizität im Leben gefehlt hat und das „I did it my Way“ nicht gelebt wurde. Dabei gibt es keine äußerliche Wertung. Der Mensch ist mit sich und seinem Lebenswerk am Ende alleine. Auch negative oder schicksalhafte Lebensgeschichten und die daraus entstandene Erfahrung sind Teil des Lebenswerkes. Hier greift das Konzept des erweiterten Lebenserfolges, der weit mehr umfasst, als den Kontostand. Jeder Mensch, egal ob bekannt oder nicht, gut oder böse, krank oder gesund, hinterlässt einen Eindruck, eine Art Visitenkarte im Gesamten. Jeder Mensch hat vor diesem Hintergrund ein Lebenswerk geschaffen, allein dadurch, dass er existiert hat. Die Frage, ob ein Mensch sein Lebenswerk bewusst gestalten will oder das Leben einfach geschehen lässt, ist eine Frage der Entscheidung. Der Vorschlag, sich seinem Lebenswerk bewusst zu widmen, ist keine dogmatische Vorstellung im Sinne von Gesetzmäßigkeit, sondern orientiert sich an Untersuchungen, die zeigen, dass Menschen in ihrem Sterbeprozess besonders unter „nicht gelebtem“ Leben leiden. Insofern richtet der Wiegandsche Lotus Sie darauf aus, Ihren erweiterten Lebenserfolg einzukalkulieren.

Existenz - ein Erklärungsmodell

Die Vorstellung, die diesem Gedankenkonzept unterliegt, legt die Annahme eines Bewusstseinsfeldes zugrunde, das mit einem Ozean vergleichbar ist. Trifft eine Kraft (z.B. Wind) auf den Ozean, erheben sich einzelne Wellen aus dem Ozean. Jede Welle besteht aus Ozean, ist aber nicht gleichbedeutend mit ihm. So gesehen kann verstanden werden, dass der Ozean zu jedem Zeitpunkt weiß, was jede einzelne Welle tut, die Welle aber nur ihr individuelles Leben betrachten kann und die Anbindung an den Ozean nicht erkennt. Vergleichbar damit wäre das Ich-Bewusstsein des Menschen, das nur das eigene Leben erkennen kann, nicht aber seine Verbindung mit dem großen Ganzen. Der Ozean ist ein Speicher für die endlos vielen Geschichten, da er der Stoff ist, aus dem die Wellen gemacht sind. Insofern reichert jede Welle mit ihrem individuellen Erleben das Gesamtwissen an. Der Ozean, das Feld der unendlichen Möglichkeiten, beinhaltet alles, was an Menschenmöglichem gedacht und umgesetzt werden kann. Mit diesem Feld, das in manchen modernen Forschungsrichtungen auch als „morphogenetisches Feld" (Rupert Sheldrake) bezeichnet wird, steht der Mensch im direkten Kontakt, da das menschliche Bewusstsein ein Teil dieses Gesamtfeldes ist. Anzumerken ist, dass sich hier die naturwissenschaftlichen Geister scheiden. Aber als Gedankenexperiment nutzt die Vorstellung vom „morphischen Feld", weil sie erklärt, warum Simulationen, das Psychodrama oder auch Aufstellungsarbeit funktionieren. Ich möchte allerdings darauf hinweisen, dass ich als Praktikerin die Anwendungsmöglichkeiten von Theorien teste und auf den Ergebnissen mein weiteres Vorgehen aufbaue. Ich möchte mich daher nicht an den Diskussionen darüber beteiligen, was denn nun „wissenschaftlich bewiesen" ist und was nicht. Wenn es einem Menschen nach einer Maßnahme besser geht, wenn die Weichen auf positivere Perspektiven gestellt werden können und Schwierigkeiten sich auflösen, ist das für mich die Richtschnur. Jeder Mensch hat seine eigenen „messianischen" Fähigkeiten. Um diese zu aktivieren, bedarf es einer gewissen Bereitschaft zum Experiment. Der Weg zur Resilienz lebt von bewältigten Irrtümern. Deswegen ist absolute

Sicherheit auf dem Weg zur Persönlichkeitsentwicklung weder möglich, noch erwünscht. Sicher ist nach meiner Erfahrung nur die Schädlichkeit, den Weg gar nicht zu wagen.

Insgesamt gibt der Wiegandsche Lotus einen Gesamtüberblick über anwendbare psychisch-philosophische Grundannahmen für ein befriedigendes Leben. Der tiefere Sinn von Lebenskrisen erschließt sich und er bietet Alternativen zum rein materiellen Denken an. Er schafft im Immateriellen neue Werte und Lebens-Perspektiven.

Übungsteil „Lotuskarten“

Im Folgenden finden Sie Fragen und Übungen zu den 60 Lotuskarten.

1. Mesotriarchat

Übung:

Erstellen Sie zwei Blätter mit den Überschriften „typisch Mann“ und „typisch Frau“. Beschreiben Sie auf den getrennten Blättern möglichst genau, was Männer auszeichnet und was Frauen auszeichnet. Arbeiten Sie auch mit Farben oder Skizzen, die Ihnen einfallen.
Wenn Sie fertig sind, legen Sie das Blatt, das Ihrem Geschlecht entspricht vor sich hin und das gegengeschlechtliche Blatt auf die andere Seite des Tisches. Dann wechseln Sie nach einer Weile die Seiten und setzen sich auf die Seite des gegengeschlechtlichen Blattes. Wenn Sie eine Frau sind, tun Sie so, als wären Sie ein Mann und umgekehrt. Was fällt Ihnen auf, wenn Sie sich selbst aus der gegengeschlechtlichen Perspektive betrachten? Notieren Sie Ihre Eindrücke im Tagebuch.

Das 3. Blatt:
Wahrscheinlich haben auch Sie Verletzungen durch das andere Geschlecht erlitten. Benennen Sie diese Verletzungen auf einem dritten Blatt. Nehmen Sie sich ruhig Zeit dafür und stellen Sie sich den Gefühlen, die damit einher gehen. Welche Überzeugungen wurden durch das Erleben in Ihnen verfestigt?
Machen Sie sich bewusst, dass Sie selbst aus der männlichen Ratio und der weiblichen Emotio bestehen. Ihre Ratio ist wie der „typische Mann“, Ihre Emotio wie die „typische Frau“. Werden Sie der Regisseur Ihres inneren Erlebens. Schreiben Sie eine Geschichte namens „Ratio und Emotio“ und erfinden Sie ein Happy End für das Paar. Wenn Ihre Ratio sich in Ihre Emotio verliebt, werden Sie erleben, was Glück bedeutet.

2. Herkunftssystem

Visualisierungsübung:

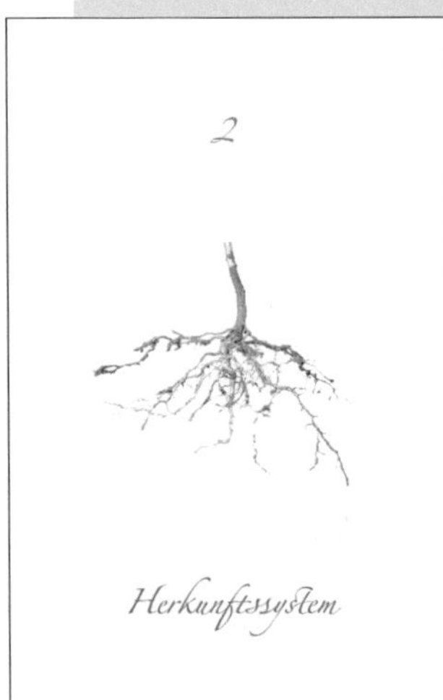

Stellen Sie sich Ihre Ahnen vor, die Sie mit dem Anbeginn der Menschheit verbinden. Eine Generation reiht sich an die nächste, durch die vielen Epochen mit ihren unterschiedlichen Gesetzen, Moden, Anforderungen. Nehmen Sie die lange Zeit vor Ihrer Zeugung wahr. Tausende von Erfahrungen und verzweigten Ästen des Familienbaumes führen aus der Vergangenheit bis zu der Begegnung Ihrer Eltern. Da gibt es Täter und Opfer, glückliche und unglückliche Menschen, schwere Schicksale und große Abenteuer. Woher kamen Ihre Ahnen und welche Religion hatten sie? Was ist zu den Zeiten ihres Lebens in diesen Gebieten passiert? Wie war der soziale Stand? Gab es besondere Schocks und Traumata? Gab es Kapitalverbrechen oder ist eine Schuld ungesühnt geblieben? Welche Rolle spielten Ihre Vorfahren im problematischen politischen oder religiösen Kontext? Lassen Sie Ihrer Phantasie freien Lauf und notieren Sie die Eindrücke.

Weitere Betrachtungen:
Lassen Sie die inneren Bilder auf sich wirken und dann zünden Sie (gedanklich oder in Wirklichkeit) Kerzen für Ihre Vorfahren an. Lassen Sie die Vergangenheit, die Ihre Gene prägt, auf sich wirken und gehen Sie respektvoll mit ihr um. Ihr Herkunftssystem ist Ihr genetisches Erbe. Gibt es da Lebensaufgaben, die Sie übernommen haben? Betreiben Sie ein wenig Ahnenforschung und werden Sie sich über Ihre Wurzeln klar. Wie haben Ihre Eltern und Großeltern über Ihre Vorfahren gesprochen? Mit Respekt, ängstlich, gleichgültig?

Ritual:
Visualisieren Sie Ihre Vorfahren und zünden Sie Kerzen an. Danken Sie für Ihre Existenz und den Erfahrungsschatz, der Sie bereichert. Danken Sie jedoch auch für negative Erfahrungen, die stets der Entwicklung der Familienseele gedient haben. Senden Sie positive Grüße aus der Gegenwart in die Vergangenheit. Danken Sie für alle Opfer, die erbracht wurden, damit Sie das Schicksal, das schon geschehen ist, nicht wiederholen müssen.

3. Zeugung

Visualisierungsübung:

Sie sitzen auf Wolke sieben, Minuten bevor Sie gezeugt werden. Links von Ihnen ein vergangenes Leben, rechts von Ihnen das anstehende. Mit Ihrer Wolke sitzen Sie also auf einem Zeitpunkt zwischen den beiden Leben. Sie beobachten Ihre Eltern in den Tagen vor Ihrer Zeugung. Was sehen Sie?

Reflexionsfragen:
Sie sind der lebende Beweis dafür, dass Ihre Eltern miteinander intim waren. Wie geht es Ihnen mit dieser Aussage und welche Gefühle löst das in Ihnen aus? Haben Sie sich je gefragt, was es für ein Wunder sein muss, wenn aus der Liebe zweier Menschen ein Kind hervorgeht? Lassen Sie sich auf die Überlegung ein, dass im Moment Ihrer Zeugung die beiden Herkunftsfamilien auf geheimnisvolle Weise miteinander verbunden wurden. Erfüllt Sie der Gedanke mit Freude oder gibt es etwas, was erlöst werden muss? Denken Sie über die Kraft der menschlichen Entstehung nach und suchen Sie nach dem Höheren in diesem Vorgang. Erkennen Sie an, dass Ihre Eltern Sie vielleicht bewusst, aber ganz sicher im Unbewussten zu sich gerufen haben, um Sie zu empfangen. Können Sie erkennen, warum gerade diese Eltern wichtig für Ihren Erkenntnisprozess waren? Finden Sie Aufschluss darüber, wenn Sie das letzte Leben betrachten? Was können Sie durch diese Eltern wertschätzen? Vielleicht sogar dadurch, dass es fehlte? Sammeln Sie Eindrücke und notieren Sie Ihre Erlebnisse in Ihrem Tagebuch.

4. Schwangerschaft

Explorationsübung:

Nehmen Sie ein großes Blatt und schreiben „Urgeborgenheit“ darauf. Legen Sie das Blatt auf den Boden und stellen Sie sich darauf.
Wie fühlt sich das an? Notieren Sie Ihre Wahrnehmungen.
Dann stellen Sie sich auf ein weiteres Blatt mit der Aufschrift: „der Moment, in dem ich entdeckt werde.“ Vergleichen Sie, wie die beiden Blätter sich anfühlen und notieren Sie Ihre Ergebnisse.

Reflexionsfragen:
Was wissen Sie über die Zeit, in der Ihre Mutter mit Ihnen schwanger war? Hatte die Tatsache, dass sie schwanger war einen Einfluss auf Lebensentscheidungen Ihrer Mutter? War jemand für Ihre Mutter da, als Sie unterwegs waren? Wie hat Ihre Mutter reagiert, als sie merkte, dass sie mit Ihnen schwanger ist? Welche Gedanken und Gefühle hatte sie zu Ihrer Existenz? Welche Botschaften hat sie Ihnen schon pränatal mitgegeben? Vervollständigen Sie spontan den Satz: „Ich bin auf der Welt, um...“.

Machen Sie sich Gedanken über die Beziehung zwischen Ihnen und der Welt. Wie finden Sie die Welt? Was müssen Sie tun, um zu überleben? Wovon hängt Ihr Geldfluss ab? Fließt Ihnen das, was Sie brauchen, automatisch zu oder müssen Sie sich nach der Decke strecken? Leben Sie im Überfluss oder im Mangel? Überprüfen Sie Ihre Gefühle zu Ihren eigenen geistigen und wirklichen Kindern. Wie geht es Ihnen damit, mit einer Idee schwanger zu gehen?

5. Geburt

Selbstbeobachtung:

Wie geht es Ihnen morgens, wenn Sie das warme Bett verlassen sollen? Testen Sie aus, wie es ist, wenn Sie sich ganz unter die Decken verkriechen und sich mit dem Kopf voraus ins Freie bohren. Nehmen Sie sich Zeit dafür und nehmen Sie wahr, was Ihnen alles dazu einfällt. Wie nehmen Sie das „Drinnen" und wie das „Draußen" wahr?

Reflexionsfragen:

Die Geburt ist die erste große Wende von einem Zustand in einen völlig neuen. Was wissen Sie über den Verlauf Ihrer Entbindung? Wie ging es Ihnen, wie ging es Ihrer Mutter? Wurde Ihre Mutter durch die Entbindung „versehrt"? Wie hat sich das Leben Ihrer Mutter nach Ihrer Geburt verändert? Wie geht es Ihnen mit dem Thema Durchbruch und Neuanfang? Gibt es Parallelen zwischen Ihrer heutigen Sicht auf Durchbruch, Umzug und Veränderung und Ihrer Geburt? War Ihre eigene Geburt lebensgefährlich? War jemand dabei? Bewegten Sie und Ihre Mutter sich zum Zeitpunkt Ihrer Geburt in einem vertrauenswürdigen Umfeld? Hatten Ihre Mutter und Sie die Gelegenheit, durch den ersten Blick in die Augen die emotionale Bindung herzustellen? Kann Ihnen Ihre Mutter etwas zum ersten Blickkontakt zwischen Ihnen beiden sagen? Wenn Sie nichts darüber wissen, dann stellen Sie sich auf einen Zettel mit der Aufschrift „der erste Moment mit meiner Mutter" und spüren Sie nach. Erfassen Sie die Umstände Ihres Eintritts in diese Welt möglichst genau und überprüfen Sie Ihre Gefühle dazu. Wenn Sie selbst schon entbunden haben, schreiben Sie auch diese Eindrücke auf. Konnten Sie die Kräfte der Natur zulassen? Wie war die erste Begegnung mit Ihrem Baby? Befassen Sie sich mit dem Eintritt in das neue Leben.

6. Eigenrotation

Visualisierungsübung:

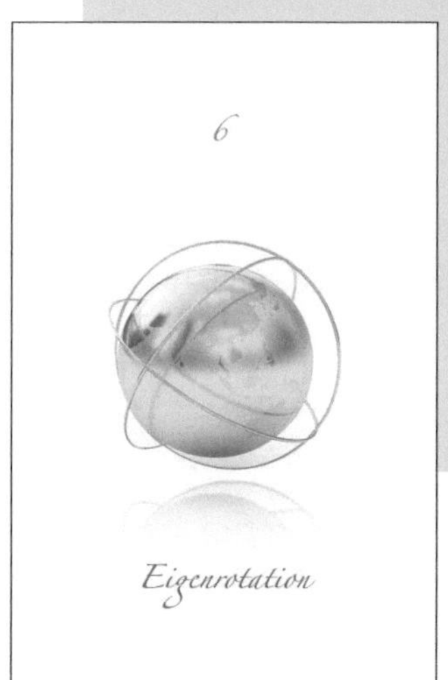

Sie steigen gedanklich entspannt eine Treppe hinunter und gelangen in einen unterirdischen Spiegelsaal. Egal, wohin Sie schauen, überall sehen Sie sich selbst im Spiegelbild. Doch in jedem Spiegel sehen Sie eine andere Facette von sich selbst. Sagen Sie zu jeder dieser Facetten: ich will gut für dich sorgen. Was antwortet Ihr Spiegelbild?

Reflexionsfragen:

Prüfen Sie Ihre Selbstfürsorge, auch Ihren Selbstschutz. Haben Sie sich als Kind beschützt gefühlt, damit Sie sich in Ruhe entwickeln konnten? Wie ist das heute? Nehmen Sie Ihre Gefühle wahr. Überlegen Sie: was braucht dieser Mensch, den Sie „ich“ nennen? Stellen Sie sich vor, dass Sie mit dem Spiegelbild in Kontakt treten. Wie reagieren Sie auf die verschiedenen Facetten Ihres Selbst? Sorgen Sie für angenehme Unterhaltung, ein wenig Bewegung und pflegen Sie Ihren Körper? Achten Sie auf genügend Schlaf, auf gutes Essen, auf eine angenehme Umgebung? Was tun Sie für sich, woran Sie erkennen können, dass Sie sich selbst mögen? Klopfen Sie Ihren gesamten Körper ab und spüren Sie Ihre Grenzen. Verteidigen Sie diese Grenzen, wenn sie überschritten werden? Verteidigen Sie Ihre Interessen und setzen Sie sich für sich selbst ein? Geben Sie Ihren Gedanken die Ehre in einem schönen Tagebuch? Achten Sie darauf, dass Sie inspirierende Informationen zu sich nehmen?

Nehmen Sie sich Zeit, um zu beobachten, wie Sie mit sich selbst umgehen und notieren Sie Ihre Eindrücke im Tagebuch.

Ritual:
Verabreden Sie sich mit sich selbst und
laden Sie sich zum Essen in einem Restaurant ein.
Wohin laden Sie sich ein? Sind Sie gerne mit sich? Nehmen Sie sich im Restaurant ganz bewusst wahr. Wie geht es Ihnen? Wie genau schmeckt das Essen, wie genau das Getränk? Wie riecht das Restaurant? Wie nehmen Sie sich selbst wahr? Kommen Sie über die Selbstwahrnehmung ganz zu sich.

7. Rotation um Andere

Übung:

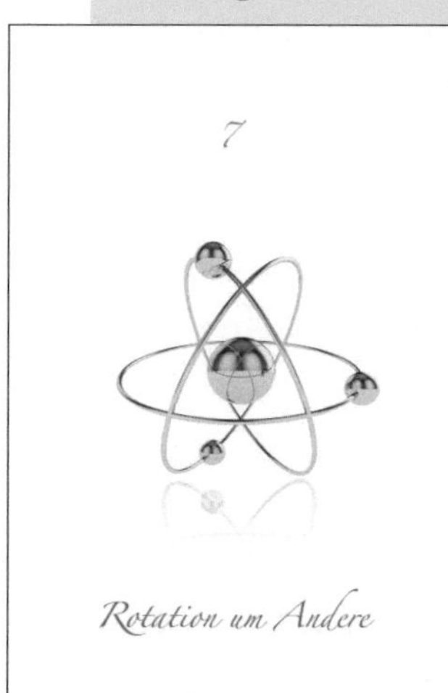

Schreiben Sie die Namen von den Menschen, zu denen Sie eine enge Beziehung haben auf Moderationskarten und ordnen Sie diese in Beziehung zu Ihrer eigenen Karte so auf dem Tisch an, wie Sie zu den einzelnen Personen stehen. Wer steht wie zu wem? Um was geht es in all Ihren Beziehungen? Schreiben Sie „Liebe" oder „Freundschaft" auf eine Karte und testen Sie, was diese Karte im Kontext mit den anderen tut.

Reflexionsfragen:

Die Rotation um andere lässt Sie nahe und intim sein. Pflegen Sie Ihre Beziehungen freundlich? Achten Sie auf eine gesunde Balance zwischen Geben und Nehmen? Haben Sie ein Gespür dafür, wie es Ihrem Gegenüber geht? Wie geht es Ihnen mit den Grenzen Ihres Gegenübers? Vergleichen Sie Ihr Verhalten Fremden gegenüber mit dem Verhalten, das Sie denen entgegen bringen, die Ihnen nahe stehen oder die sogar mit Ihnen zusammen leben. Behandeln Sie die, die Ihnen nahe sind, genau so respektvoll, wie die Fremden? Interessieren Sie sich ehrlich für das, was der andere sein oder werden möchte? Können Sie gut zuhören, unterstützen, pflegen und auch mal durch Krisen begleiten? Sind Sie eine gute Gefährtin oder ein guter Gefährte? Machen Sie sich Gedanken über Ihre Beziehungsgestaltung und bitten Sie um ein Feedback dazu, wie die anderen Sie erleben. Vergleichen Sie Selbst- und Fremdbild. Wie sehen die anderen das Thema Beziehung? Haben Sie gemeinsame Vorstellungen davon? Haben alle Ihre Beziehungen einen tieferen Sinn? Wer möchte was von wem? Notieren Sie Ihre Gedanken dazu und formulieren Sie, was Sie gerne ändern würden.

8. Gravitation

Stehübung:

Stellen Sie sich mit leicht angewinkelten Knien entspannt hin. Wenn Sie mögen, hören Sie eine Entspannungsmusik dazu. Stellen Sie sich vor, dass Wurzeln aus Ihren Füßen in die Erde wachsen. Über diese Wurzeln ziehen Sie die Energie der Erde in sich hinein. Spielen Sie mit dem Gedanken ein Baum zu sein und unbeweglich an einer Stelle zu stehen. Im Frühjahr blühen Sie, im Sommer tragen Sie Früchte, im Herbst fallen Ihre Blätter zur Erde und im Winter ziehen Sie sich ganz in sich selbst zurück. Stellen Sie sich vor, wie Sie unbeweglich bei Wind und Wetter stehen und die Jahreszeiten an Ihnen vorüber ziehen, während Sie Ihre Position unbeweglich bewahren.
(Eine Übungsanleitung für die Stehübung finden Sie auf der Soulfit CD „Harmony".)

Reflexionsfragen:
Die Gravitation sorgt dafür, dass Ihre Träume aus der luftigen Welt der Ideen in die Welt der Materie gezogen werden. Träumen ist ganz leicht, aber wer umsetzen will, muss sich mit der Anstrengung aussöhnen. Wie geht es Ihnen mit der Bodenhaftung, mit Tiefe und Ernsthaftigkeit? Was fühlen Sie zum Thema Verantwortung und Pflicht, Pünktlichkeit und Zuverlässigkeit, Fokussierung und Durchhaltevermögen, Strategie und Struktur? Können Sie ein „Fels in der Brandung" sein? Wie gehen Sie mit ungeliebten Routinearbeiten, Putzen, Aufräumen, Steuererklärung, Formalismus und Ordnung um? Was denken und fühlen Sie zum Thema

Schicksal? Notieren Sie alles schön säuberlich und ordentlich im Tagebuch :-).

Ritual:
Nehmen Sie sich einige Tage Zeit und fasten Sie. Wenn Sie mögen, versuchen Sie einige Tage Schweigeexerzitien in den ganz einfachen Räumen eines Klosters. Wie geht es Ihnen mit dem Verzicht und dem ganz einfachen Leben? Finden Sie heraus, was das „saturnine Prinzip“ ist. Wie Sie das heraus finden, ist Ihnen überlassen :-).

9. Fliehkraft

Visualisierungsübung:

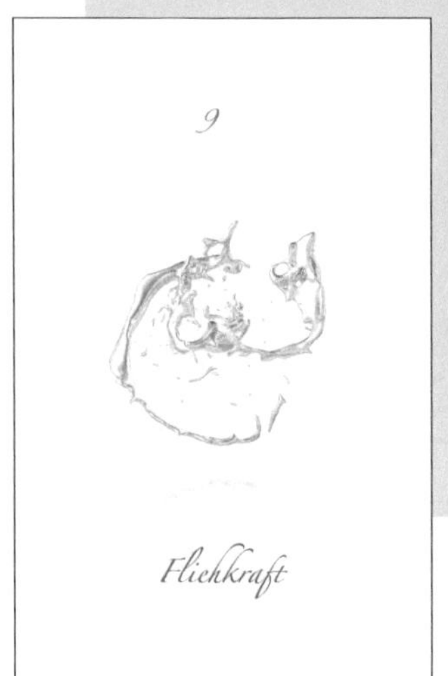

Stellen Sie sich vor, Ihre Arme verwandeln sich in kraftvolle Flügel und Sie können fliegen. Erheben Sie sich in Ihren inneren Bildern in die Luft und spüren Sie die Kraft des Windes unter den Flügeln. Betrachten Sie die Welt von oben. Spüren Sie die Freiheit. Fliegen Sie in die eine Richtung und ändern Sie den Kurs, wenn Ihnen danach ist. Lassen Sie sich fallen und fangen Sie sich wieder, indem Sie die Flügel ausbreiten.

Reflexionsfragen:

Wie geht es Ihnen mit den Begriffen: Veränderung, Neugier, Lernen, Rausch, Ekstase, Vielfalt, Unbekümmertheit? Was fällt Ihnen dazu ein? Was tun Sie, wenn Sie sich die „Leichtigkeit des Seins“ erlauben und wie ist das für Sie? Die kreative Welt der Ideen ist die Welt der Leichtigkeit, aus der die Einfälle stammen. Auch die Werbung um das andere Geschlecht, dem Sie sich im besten Licht und möglichst prachtvoll zeigen wollen, gehört hierher. Wie geht es Ihnen mit dem Thema „Werbung“? Wie auffällig auf einer Skala von 0 (gar nicht) bis 10 (sehr) wollen Sie sein, um bemerkt zu werden? Wenn die täglichen Wege zu verkrustet und eintönig geworden sind, helfen manchmal schon kleine Veränderungen und schon gibt die Leichtigkeit des Seins Ihnen die Fähigkeit, Ihre Richtung zu ändern. Fahren Sie einfach mal einen anderen Weg zur Arbeit, telefonieren Sie mit dem anderen Ohr als sonst o.ä. Es liegt nur an Ihnen. Nichts hält Sie fest, es gibt keine Hindernisse und nur die Fesseln, die Sie als solche definieren. Üben Sie diese Vorstellung immer wieder und notieren Sie, was Ihnen dazu einfällt. Notieren Sie, was Ihnen Leichtigkeit gibt und wie es Ihnen damit geht.

* Mit der Soulfit CD „Die Schamanenreise“ können Sie diese Imaginationen unterstützen.

10. Schule

Erinnerungsübung:

Erinnern Sie sich an Ihre Lehrer. Wie hießen Sie? Welche positiven oder negativen Erinnerungen haben Sie an diese Personen? Was zeichnet Ihrer Meinung nach einen guten, was einen schlechten Lehrer aus? Was waren typische Verhaltensweisen? Können Sie sich an die Stimme erinnern, an typische Aussagen, an Gerüche oder das Schulzimmer? Welche Gefühle stellen sich ein, wenn Sie sich erinnern? Was haben Ihre Lehrer Ihnen über Ihre Zukunft gesagt? Wie ging es Ihren Schulkameraden? Welche Position hatten Sie in der Klasse? Was war Ihre schönste und was Ihre unangenehmste Schulerfahrung? Erinnern Sie sich an Ihr Pausenbrot und an Ihren Schulweg? Wie ging es Ihnen mit Ausflügen und Freizeiten? Was haben Sie warum genossen und was nicht?

Reflexionsfragen:

Manche Lehrer haben einen besonders starken Ein-Druck in Ihnen hinterlassen, den Sie an Ihren inneren Dialogen und denen mit anderen erkennen. Welchem Lehrertyp gleichen Sie, wenn Sie andere unterweisen sollen? Wie sehr sind Sie davon überzeugt, dass Noten über den Lebenserfolg entscheiden? Welches Gefühl löst der Begriff „lebenslanges Lernen“ in Ihnen aus? Was brauchen Sie, um gut lernen zu können? Hat Ihre damalige Position in der Klasse Ähnlichkeit mit Ihrer heutigen Position in Ihrem Umfeld? Was war Ihr Lieblingsfach? Was ist Ihnen schwer gefallen und warum? Wie geht es Ihnen heute mit diesen Disziplinen? Versetzen Sie sich in Ihrer Phantasie in Ihre Vergangenheit und reisen Sie durch die Schuljahre. Was fällt Ihnen dazu ein? Notieren Sie Ihre Eindrücke.

11. Pubertät

Visualisierungsübung:

Schreiben Sie auf einen Zettel: „ich bin 14 Jahre alt“ und lassen Sie einfach nur diesen Gedanken zu. Was ist das erste Gefühl, das in Ihnen aufsteigt? Bleiben Sie einfach gedanklich in dieser Zeit. Hören Sie die passende Musik und lassen Sie sich auf Ihre Erinnerungen ein. Wie geht es Ihnen damit?

Reflexionsfragen:

Achten Sie auf die Texte der Musik, die Sie früher gehört haben. Passen die Worte zu Ihrer damaligen Lebenssituation? Welchen Stil hatten Ihre Lieblingskleidungsstücke? Erinnern Sie sich an Ihre erste große Liebe? Wie war das? Wo haben Sie sich kennen gelernt? Was fanden Sie toll an ihr oder ihm? Wo waren Sie gemeinsam? Wie ging die Geschichte aus? Notieren Sie alles, was Ihnen dazu einfällt.

Wer waren die Jugendlichen, mit denen Sie unterwegs waren? Gab es viele andere oder waren Sie viel zuhause? Ist Ihnen das Kontakt-Machen leicht oder schwer gefallen? Wie haben andere Jugendliche auf Sie reagiert? Was haben Sie erlebt, was sich von Ihren Erfahrungen zuhause unterschied? Wie haben Ihre Eltern auf Ihre Orientierung nach außen reagiert? Durften Sie Ihre Freiheit leben oder wurden Sie kontrolliert? Haben Sie sich an Abmachungen gehalten? Gab es emotionale Ausbrüche Ihrer Eltern oder eines Elternteils, wenn Sie weggehen wollten? Wie haben Sie sich in Ihrem Körper gefühlt? Haben Sie den „Weltschmerz“ erlebt? Wie sind Sie damit umgegangen? Wie ging es Ihnen mit der Schule in dieser Zeit? Wie sind Sie mit Alkohol und Drogen umgegangen? Was hat die Welt Ihnen über Sie mitgeteilt? Wie haben Sie Ihre Freizeit verbracht? Welche Hobbys hatten Sie? Wie war Ihr Blick auf das Erwachsenenleben? Welche Träume hatten

Sie bezüglich Ihrer Zukunft: Lebensweise, Beruf, Familie etc.?

Mit 16 glaubt man die Welt verstanden zu haben und tatsächlich finden in dieser Zeit Entscheidungen statt, die oft weit reichende Folgen haben. Drogen oder nicht, Party oder Lernen, die Nacht verliebt verbringen oder pünktlich in der Schule erscheinen - fällt Ihnen sonst noch etwas ein? :-)

Stellen Sie sich vor, Sie würden mit dem jungen Menschen von damals reden. Was würden Sie ihm alles aus Ihrer heutigen Sicht der Dinge erklären? Könnten Sie ihr oder ihm einen guten Rat geben? Wären Ihre Worte positiv oder negativ, ermutigend oder demotivierend? Nehmen Sie sich Zeit für diese Lebensphase und notieren Sie alles, was Ihnen zu Ihrem ersten großen Ausflug ins Leben einfällt.

12. Normalität

Übung:

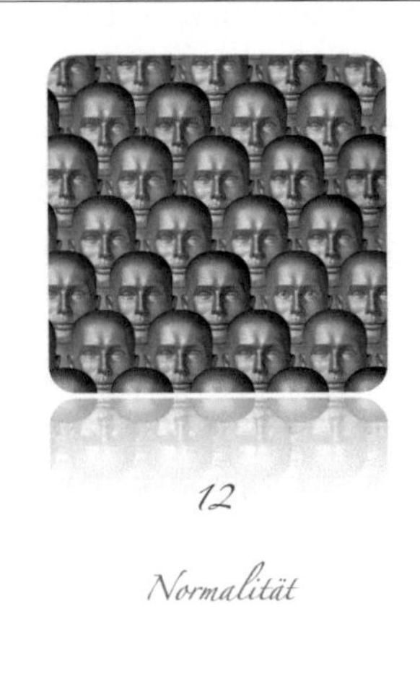

Erstellen Sie eine Mind-Map zu dem Wort „Normal". Was gehört Ihrer Meinung nach zur Normalität? Ist der Begriff positiv oder negativ besetzt? Was daran ist positiv und was ist negativ? Beschriften Sie zwei Blätter: das eine mit „Normalität" und das andere mit „ver-rückt" (von der Norm). Stellen Sie sich abwechselnd auf die beiden Blätter und finden Sie heraus, was Sie in Bezug auf die beiden Zustände fühlen. Arbeiten Sie diese Erkenntnisse in die Mind-Map ein.

Reflexionsfragen:

Was muss man Ihrer Meinung nach tun, um normal zu sein oder zu den normalen Menschen zu gehören? Dürfen Sie außergewöhnlich sein? Wenn ja, was zeichnet Sie besonders aus? Was befindet sich Ihrer Meinung nach außerhalb der Welt der Normalität?

Was denken Sie über den „Mainstream"? Welchen Normen passen Sie sich an und welche lehnen Sie ab? Sind Sie emotional in Bezug auf Normen? Was müssen Sie tun, um sich anzupassen und was müssen Sie dafür aufgeben?

Bilden Sie drei „Man muss... Sätze", von denen Sie besonders überzeugt sind. Definieren Sie: wer ist „man"? Was würden Sie im Verborgenen halten, was „man" nicht über Sie wissen darf, weil Sie sonst nicht als normal gelten würden? Was sollte man Ihrer Meinung nach mit Menschen tun, die das Normal-Sein verweigern? Was ist Ihrer Meinung nach „ver-rückt" und was tut man mit „Ver-rückten"? Achten Sie auch hier wieder auf Ihre Gefühle und notieren Sie alles im Tagebuch.

13. Tafelritter

Assoziationsübung:

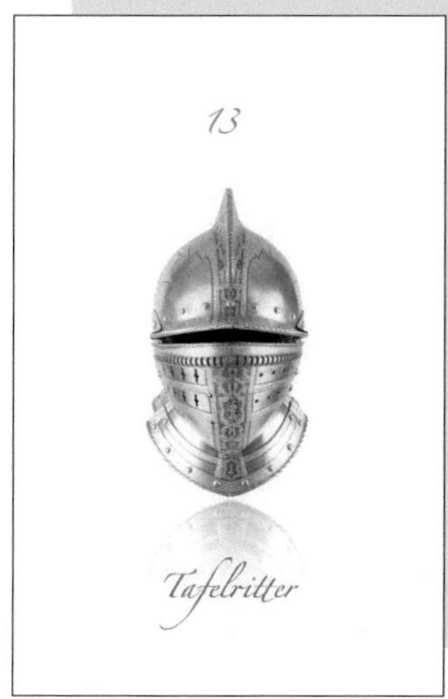

Legen Sie die Karte vor sich hin und fühlen Sie sich in den Archetypus des Tafelritters ein. Wie geht es Ihnen mit Begriffen wie Mut, Entschlossenheit und Kampfgeist? Notieren Sie, was Ihnen zu den Worten „Ehrenmann“, „edle Eigenschaften“ und „Ritterlichkeit“ einfällt. Welche Bedeutung hat der „Heilige Gral“ für Sie? Was sind die typischen Merkmale einer Heldenreise? Analysieren Sie dazu Ihren Lieblingsfilm oder ein Theaterstück. Schreiben Sie Ihre ganz eigene Heldengeschichte.

Reflexionsfragen:

Welche Eigenschaften müsste Ihr König Artus haben, damit Sie ihm Ihren ganzen Respekt zollen? Wem würden Sie vertrauensvoll folgen? Wie würden Sie die anderen Tafelritter beschreiben, mit denen Sie sich auf den Weg machen würden? Welche Prinzipien sollen für Sie gelten? Welche Dinge in diesem Leben müssten geändert werden, damit die Welt besser wird? Definieren Sie, was Anstand für Sie bedeutet. Wohin würden Sie reisen, um den Gral zu finden? Welchen Stern würden Sie vom Himmel holen, um ihn in diese Welt zu tragen? An was glauben Sie ganz fest? Welche Gefährtin oder welcher Gefährte würde sich mit Ihnen auf den Weg machen?

Ihre Mission ist da zu finden, wo Ihr tiefstes Interesse, Ihre Begeisterung und Ihr Talent angesprochen werden. Dort wo Ihr Herz schlägt. Wofür würden Sie auf eine Party verzichten? Was sind Ihre konkreten Ziele, die Sie auf alle Fälle erreichen wollen? Visualisieren Sie Ihre Zukunft, nehmen Sie Pfeil und Bogen und treffen Sie in die Mitte. Aber vergessen Sie nie den Respekt vor den Älteren und die Anerkennung ihrer Leistung - sonst können diese Ihnen keinen Platz einräumen!

14. König Artus

Visualisierungsübung:

Es ist der Tag Ihrer eigenen Inthronisation. Heute werden Sie König über Ihr ganz eigenes Camelot, der König Artus über Ihre persönliche Realität. An Ihrer Seite sehen Sie Ihren weiblichen Anteil als Königin. Stellen Sie sich die Szenerie möglichst bildlich vor. Sie werden feierlich gekrönt. Machen Sie sich ein möglichst klares Bild von Ihrem "Camelot". Um was soll es gehen in Ihrem „Königreich"? Was findet dort statt? Was bauen Sie auf und nach welchen Werten handeln Sie? Für wen übernehmen Sie Verantwortung? Beschreiben Sie Ihre Realität.

Weitere Aspekte:
Fühlen Sie sich in die Symbolik der Krone ein, die dafür steht, den Geist demütig für die „Höheren Mächte" - was auch immer Sie darunter verstehen - zu öffnen. Das Wort ‚Vernunft' stammt etymologisch von Vernehmen und Wahrnehmen ab. Ihre Vernunft soll durch das Vernehmen „des Höheren" Ihre Weisheit stärken, die dann Ihrem Camelot zugute kommt. Fühlen Sie nach, wie es ist, ein weiser König zu sein. Was fällt Ihnen auf?
Dann legt man Ihnen das Zepter in die rechte Hand. Ähnlich wie ein Zauberstab, ist das Zepter ein phallisches Symbol, das die Aufforderung in sich trägt, Dinge auf den Punkt zu bringen, Ziele rational zu formulieren und diese umzusetzen. Pointiert und klar, um so die Realität zu inspirieren. Spüren Sie nach, wie es um Ihre Fähigkeit steht, Ziele klar und deutlich zu formulieren.
Nehmen Sie die Weltenkugel in die linke Hand. Das Symbol für die Ganzheit der Gefühle, die weibliche Welt, wird dargestellt als Mutter Erde.

Manchmal wird dieser Aspekt auch in Ei-Form, also als Welten-Ei dargestellt. Es ist der Ursprung allen Lebens. Diesen sollen Sie als König nun schützen. Spüren Sie nach, wie es für Sie ist, den Ursprung des Lebens und das Leben als solches mithilfe Ihrer Macht zu schützen. Aber denken Sie auch über die Macht des Weiblichen nach, der emotionalen Ganzheit und Mutter Erde, die durch die Kugel symbolisiert wird. Können Sie aus dem Vollen schöpfen, ganzheitlich denken und aus vollstem Herzen lieben?
Sie sehen Gold um sich herum, das in seiner Symbolik für Reinheit und höchste Entwicklung steht. Das Gold steht für das Edle, dem auch im Periodensystem alle Elektronen entgegen fließen. Was fühlen Sie bei der Annahme, dass die Aufgaben, die vor Ihnen liegen, herausfordernd sein werden, Sie aber stärker und weiser machen werden? Erarbeiten Sie zwölf allgemein gültige Gesetze, die in Ihrem Camelot gelten sollen. Notieren Sie die Ergebnisse in Ihrem Tagebuch.

15. Merlin

Übung:

Nehmen Sie als Merlin ruhig und gelassen eine Dusche oder ein Bad und richten Sie sich her für diese Übung. Bewegen Sie sich langsam und entspannt, während Sie jede Bewegung wahrnehmen. Machen Sie sich eine gute Tasse Tee und kosten Sie diese bewusst. Atmen Sie acht mal tief ein und wieder aus.

Visualisierungsübung:

Wenden Sie sich den inneren Bildern eines goldenen Buches zu. Es ist das Buch Ihres Lebens. Es enthält Texte und Bilder, Botschaften und Erinnerungsstücke. Nähern Sie sich Ihrem Lebensbuch mit Achtung und Würde. Wertschätzen Sie es und öffnen Sie es langsam, damit keine Eselsohren oder Flecken entstehen. Machen Sie sich bewusst, dass es eine wichtige Rolle spielt, was in Ihrem Lebensplan steht. „Alt und bedürftig werden", „Rentnerdasein" oder „Dasein als weiser Merlin, der den jungen Generationen zur Verfügung steht", sind völlig unterschiedliche Lebenskonzepte.

Reflexionsfragen:

Wie fühlt sich der Einband an? Aus was besteht er? Das Buch enthält Ihr Leben und es ist kostbar und wertvoll. Öffnen Sie das Buch vorsichtig und beginnen Sie, es durchzublättern. Was finden Sie alles in diesem Buch? Artikel, Bilder, Erinnerungen an Personen? Gibt es Hinweise auf ungelöste Konflikte oder Zusammenhänge? Nehmen Sie einfach nur wahr, indem Sie ruhig und gelassen eine Seite nach der anderen betrachten.

Wenn Sie in die Realität des Hier und Jetzt zurück kehren, atmen Sie tief und ruhig. Die Zeit tropft langsam vor sich hin und Sie genießen die Ruhe und die Entspannung der Kontemplation. Worin bestehen Ihre vielen Lebenserfahrungen? Was sind Ihrer Meinung nach die großen gesellschaftlichen Lernaufgaben? Was fehlt? Mögen Sie die junge Generation genug, um sie zu unterweisen? Haben Sie Verständnis für die jungen Hitzköpfe, die das Rad neu erfinden müssen? Was haben Sie an Erfahrung gesammelt, was ist Ihr Schatz? Gibt es Gefährten, die Ihren Weg teilen oder geteilt haben? Notieren Sie die Gedanken, die Ihnen in der Ruhe gegeben werden.

Dann nehmen Sie einige frische Kräuter aus der Küche und einige Obststücke. Jedes einzelne Teil nehmen Sie bewusst in Ihre Hände, fühlen es, riechen an ihm und schmecken es. Es geht nur darum, mit allen Sinnen wahrzunehmen.

Notieren Sie Ihre Eindrücke und holen Sie sich in den nächsten Tagen immer wieder die Situation des Merlin her.

Wenn Sie sich ganz bewusst geworden sind, dann stellen Sie sich die Frage: welche Überzeugungen haben mein Leben bisher gesteuert? Am Übergang vom Artus zum Merlin gibt es eine besondere Frage, die Sie sich ganz ehrlich stellen müssen, um ein Merlin werden zu können. Die Frage lautet: Was bereue ich?

Wenn Sie das betrauert haben, geht es weiter mit: Wie werde ich die nächsten 30-40 Jahre gestalten, die haben Sie nämlich noch vor sich, wenn Sie in Rente gehen. Übrigens: Die Freizeitbeschäftigung Arztbesuch ist für Merlins ausgeschlossen! Und kommen Sie mir nicht damit, dass es für irgendwas zu spät ist ;-).

16. Spiritueller Lehrer

Visualisierungsübung:

Sie befinden sich in den letzten Stunden Ihres Lebens und schauen auf Ihr „Zeitliches" zurück. Können Sie alles segnen, was war oder gibt es Dinge, die Sie in Ordnung bringen müssen? Können Sie alles Irdische friedlich hinter sich lassen? Betrachten Sie Ihr Leben. Haben Sie getan, was Sie tun wollten? Was war es, woran Sie sich orientiert haben? War das, was Sie gewählt haben rückblickend das, was Sie zufrieden macht? Worauf haben Sie gehört? Was war wichtig in Ihrem Leben? Sind Sie zufrieden? Können Sie den Kelch Ihres süssen Lebens mühelos leeren? Oder schmeckt der Inhalt faulig, bitter, sauer o.ä.? Sie selbst haben den Kelch mit Ihrem Leben gefüllt. Waren Sie sich treu oder bräuchten Sie für das nächste Leben einen Kochkurs? :-)

Reflexionsfragen:

Machen Sie sich behutsam bewusst, dass niemand jemals genau sagen kann, wann die Zeit abläuft. Wenn der heutige Tag Ihr letzter wäre, gibt es dann Dinge, die Sie unbedingt noch tun möchten, um am Ende zufrieden zu sein? Möchten Sie etwas in Ordnung bringen? Gibt es etwas, das Sie anderen oder aber auch sich selbst verzeihen müssen? Schreiben Sie auf, was Sie den anderen immer schon mal sagen wollten. Haben Sie alle Papiere in Ordnung gebracht? Hinterlassen Sie Ordnung und Frieden oder Chaos und verletzte Gefühle? Leben Sie so, dass Sie immer klären, was zu klären ist, damit Sie zu jedem Zeitpunkt alles segnen können, was zeitlich ist.

Gehen Sie in die Einsamkeit. Haben Sie im Alleinsein das All-eins-sein erfahren? Haben Sie schon den „einen Samen" der Ein-sam-keit entdeckt, dem wir alle entspringen? Üben Sie sich im Schweigen und Fasten, um heraus zu finden, was das Wesentliche in Ihrem Leben ist.

Stellen Sie sich Ihren Grabstein vor. Welche Inschrift soll Ihr Leben beschreiben? Schreiben Sie sich selbst den Nachruf, zu dem Sie auch stehen könnten, wenn er veröffentlicht würde. Welchen Werten haben Sie gedient? Sind die Erinnerungen an Sie positiv oder negativ? Welchen Abdruck haben Sie in diesem Leben hinterlassen? Was haben Sie zur Entwicklung der Allgemeinheit beigetragen? Welche Werte und Prinzipien sind bis zu den letzten Momenten Ihres Lebens noch wichtig?

Was tun oder sagen Sie, um der Welt die letzte Ehre zu erweisen? Beschäftigen Sie sich mit dem Sinatra Song „I did it my Way“. Was fällt Ihnen dazu ein? Was brauchen Sie für Ihren inneren Frieden?

Worin besteht Ihre letzte Initiation und wie bereiten Sie sich darauf vor, ins Licht zu gehen? Übergeben Ihre Nachkommen Ihre sterblichen Überreste der Erde oder einem Fluss in einem Friedwald? Lesen Sie ein gutes Buch über Nahtoderlebnisse (z.B. Raymond Moody oder Elisabeth Kübler-Ross) und machen Sie sich Gedanken darüber, wie Sie das Thema Tod gesund und versöhnt in Ihr Leben integrieren können.

‚Man muss erst einige Male sterben, um wirklich leben zu können‘ (Charles Bukowski).

17. Lotuszeit

Millionärsübung:

Stellen Sie sich vor, Sie hätten so viel Geld, dass Sie nie wieder arbeiten müssen. In was investieren Sie Ihr Geld und Ihre Zeit? Machen Sie eine Reise oder eine Ausbildung? Schreiben Sie alles so differenziert auf, wie nur möglich. Wenn die Lotuszeit kommt, ist es Zeit für Visionsarbeit.

Visionsarbeit:
Sie haben die Stationen des Lebens nun schon bearbeitet. Sammeln Sie nun alle anstehenden Aufgaben auf Moderationskarten. Was spielt sich alles in ihrem Leben ab? Was sind Ihre aktuellen Lernaufgaben und auf was zielen diese ab? Was findet gerade nicht statt in Ihrem Leben, was Sie sich jedoch wünschen würden? Wissen Sie, was die große Richtung in Ihrem Leben sein soll? Sind Sie auf Kurs? Möchten Sie ein Buch schreiben oder malen? Möchten Sie komponieren oder eine andere künstlerische Tätigkeit anfangen? Möchten Sie einen Heilberuf ergreifen oder eine Stiftung für einen bestimmten Zweck auf die Beine stellen? Gibt es etwas, was Sie großartig finden und wo Sie sich engagieren möchten? Welche Lernaufgaben hält Ihr familiäres Leben für Sie bereit? Was sollen Sie alles unter einen Hut bringen? Hätten Sie gerne ein kleines oder großes Unternehmen? Wenn ja, welches? Beschreiben Sie, wie Sie leben würden, wenn Sie MillionärIn wären. Wie wäre Ihr Tagesablauf? Was wäre es, womit Sie sich freiwillig gerne jeden Tag beschäftigen? Gibt es etwas, was Sie für völlig unmöglich halten, was aber im tiefsten Inneren Ihr sehnlichster Wunsch wäre? Auf www.soulfit.de finden Sie eine kostenlose Vorlage für eine Ist-Soll Analyse. Laden Sie sie herunter und befassen Sie sich damit.

Legen Sie den Tafelritter, König Artus, Merlin und den Spirituellen Lehrer auf den Boden und sortieren Sie die Moderationskarten dazu. Welche Vorhaben nehmen Sie sich für welche Lebensphase vor und was brauchen Sie dazu?

Danach gilt es, zu überlegen, was Sie sofort in Ihren Alltag einbauen können. Selbst wenn Sie jetzt (noch?) kein Millionär sind, welche kleineren Dinge können Sie bereits jetzt in Ihren Alltag integrieren?

Fertigen Sie ein Artus- und ein Merlin-Blatt an. Wenn Sie fertig sind, betrachten Sie alles aus der Sicht des Spirituellen Lehrers. Sind Sie zufrieden? Oder muss noch weiter daran gearbeitet werden? Wie sieht Ihr Tagesablauf aus und wie fühlt sich das an? Beschäftigen Sie sich mit den inneren Bildern und lassen Sie in Ihrer Phantasie alles wahr werden. Das Lebenswerk muss sich entwickeln. Geben Sie ihm Zeit zu reifen. Notieren Sie bitte auch negative Empfindungen und nehmen Sie diese ernst. Mit dieser Übung formen Sie Ihre Zukunft.

Jede Beziehung, jede Unternehmung beinhaltet unbewusste Aspekte, die berücksichtigt werden wollen, wenn der Weg gelingen soll. So manche Liebesbeziehungen endete schon im Rosenkrieg, weil diese Aspekte nicht berücksichtigt wurden. Wenn Sie sich nicht sicher sind, ob Sie gut mit der Aufgabe zurecht kommen, denken Sie über eine professionelle Begleitung für die Visionsarbeit nach und geben Sie Ihrem Leben den Wert und die Aufmerksamkeit, die es verdient hat.

18. Alter Narr

Schattenarbeit:

Fühlen Sie sich in folgende Situation ein: Sie haben ein Leben der Kontrolle hinter sich und die meisten Menschen atmen auf, wenn Sie weg sind. Sie verdecken angstvoll die grauen Haare und machen sich Gedanken über Ihre Falten oder Altersflecken. Sie sind, trotz fortgeschrittenen Alters, stark auf Äußerlichkeiten fixiert. Sie halten krampfhaft an etwas fest und wollen weder teilen noch aufgeben. Sie schreiben Ihr Testament und versuchen andere noch posthum zu bestrafen. Das Bestrafen und die Schadenfreude sind die einzigen Freuden, die Sie haben. Ihr Blick auf die Welt ist voller Groll und Ärger. Immer noch erleben Sie Schadenfreude, wenn andere Negatives erleben. Sicherheit und Halt finden Sie nur im Geld, denn Sie haben es im Leben nicht geschafft, Vertrauen aufzubauen. Eifersüchtig beobachten Sie die Jugend und suchen nach Haaren in der Suppe, um Kritik üben zu können.

Reflexionsfragen:
Versuchen Sie zu erfassen, was Sie so ent-täuscht hat. In wem oder was hatten Sie sich ge-täuscht? Für was haben Sie Ihre Seele verkauft? Was war so wichtig? Fühlen Sie sich in den alten Narren ein und öffnen Sie sich für die Not eines Menschen, der von sich selbst glaubt, an seinem Leben vorbei gelebt zu haben.
Zeichnen Sie das Bild eines enttäuschten und enttäuschenden Lebens in Ihr Tagebuch. Erforschen Sie die Haltung, die dahinter steht. Fassen Sie den Mut, sich auch den damit zusammen hängenden Gefühlen zu stellen. Auch das Negative will gefühlt und verstanden werden.

19. Tyrann

Schattenarbeit:

Beschreiben Sie einen typischen Tyrannen aus einem Film. Was zeichnet den „dunklen Teil der Macht“ aus? Welche Rolle hat er? Was wäre mit dem Plot, wenn es ihn nicht gäbe? Lassen Sie den düsteren Teil des Tyrannen in Ihrer Seele aufsteigen, bis Sie ihn ganz durchdrungen haben. Sie sitzen auf dem Thron und die Welt zittert vor Ihnen. Wen wollen Sie gerade zu etwas zwingen? Wie geht es Ihnen, wenn alle sofort tun, was Sie sagen? Fühlen Sie sich ein in die Situation, in der Sie keine „Götter über sich“ haben und alles dürfen, was Sie wünschen. Geld, Sex und Statussymbole - Sie kriegen, was Sie wollen.

Reflexionsfragen:
Ab welchem Betrag sind Sie käuflich? Es gibt keine Grenze, keine Moral, kein Gesetz. Sie dürfen nehmen, was Sie wollen und niemand hat das Recht, Sie daran zu hindern. „...und bist du nicht willig, so brauch ich Gewalt...“.
Denken Sie über folgenden Text nach: *Ich bin der Geist, der stets verneint! / Und das mit Recht, denn alles was entsteht / Ist werth dass es zu Grunde geht; / Drum besser wär's, dass nichts entstünde. / So ist denn alles was ihr Sünde, / Zerstörung, kurz das Böse nennt, / Mein eigentliches Element...- Ich bin ein Teil von jener Kraft, die stets das Böse will und stets das Gute schafft. (Mephistoteles in Goethes „Faust“).*
Definieren Sie den „Stirb- und Werde Prozess“ in Ihrem Tagebuch. Schreiben Sie vor diesem Hintergrund auf, was Moral für Sie bedeutet und inwieweit eine objektive Einschätzung möglich ist. Denken Sie darüber nach, welche „Tyrannen-Entscheidungen“ Sie in Ihrem Leben schon getroffen haben und was Sie dazu bewogen hat.

20. Raubritter

Schattenarbeit:

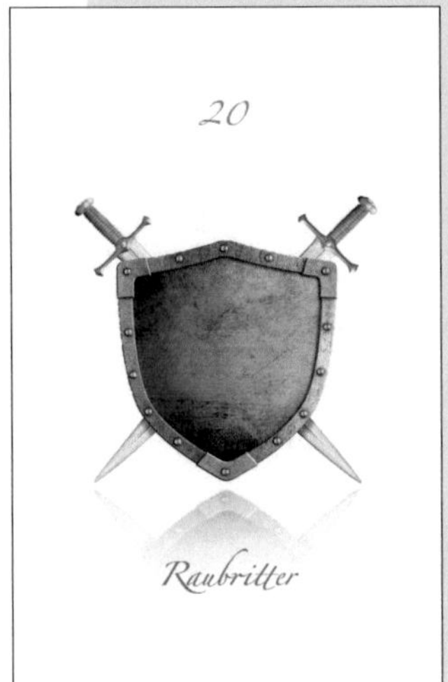

Versetzten Sie sich gedanklich in die Position der todbringenden Naturgewalten. Prasselnd zwingt die Feuersbrunst das Niedrige zum Aufstieg ins Höhere und verwandelt das Materielle in Licht. Machtvoll überschwemmt das Wasser die Gefühllosigkeit überall da, wo Dämme brechen und Tsunamis unbarmherzig alles mit sich reißen. Stürme fegen durch eingerostete geistige Welten und nehmen alles auseinander, was nicht auf Stein gebaut ist. Währenddessen zerstören Erdbeben überkommenen Fundamentalismus, der aus betonierter Sturheit besteht. Blitz und Donner lösen drückende Schwüle auf. Mit großer Wucht schlagen sie in den Planeten Erde ein, um ihn in eine kosmisch heilende Schwingung zu versetzen. Die Ausbrüche der Vulkane überziehen Ausgelaugtes mit dem, was dann zu fruchtbarer, neuer Erde wird und schaffen neues Land.

Weitere Betrachtung:
Versetzen Sie sich in die Position eines Raubritters: Sie wollen an die Spitze und das bedeutet, die Alten sollen ihren Platz räumen. Die haben lange genug da gesessen und sowieso alles falsch gemacht. Jetzt sind Sie hier, endlich weht ein frischer Wind. Sie werden knallharte Entscheidungen treffen und für Ordnung sorgen. Wenn heute einer über 50 ist, dann ist sein Denken veraltet und muss weichen! Die, die nicht mehr so schnell, nicht mehr so attraktiv, nicht mehr so dynamisch sind wie Sie, werden aus dem Weg geräumt. Die Welt hat auf Sie gewartet und mit der entsprechenden Härte werden Sie das Schiff dahin steuern, wo Sie es haben wollen. Die

sollen die Schneise ruhig sehen, die Sie schlagen und schlaflose Nächte haben. Schließlich sind Sie hier, um mit ein paar kurzen kraftvollen Schlägen die Welt nach Ihren Vorstellungen zu gestalten. Wer nicht stark genug ist, der hat eben Pech gehabt und soll häkeln gehen. Sie wissen es besser. Woher nehmen die Raubritter ihre Härte? Finden Sie es heraus und überlegen Sie, welche Überzeugungen Sie dazu bewegen könnten, Raubritterentscheidungen zu treffen.

P.S.: Verraten Sie einem hochmütigen Raubritter niemals das Geheimnis: Gerade unter seinem Angriff finden viele ihren inneren Merlin - aber Psssst! :-)

21. Liebe

Bestellschein:

Beschreiben Sie Ihren Traumprinzen oder Ihre Traumprinzessin. Wie ist er oder sie? Welche Charaktereigenschaften muss er oder sie haben? Was sind die Dinge, die Sie erwarten und die Mindestanforderungen, die erfüllt sein müssen, damit Sie sich binden? Welches Profil würden Sie ins kosmische Internet stellen?

Reflexionsfragen:
Wenn der Prinz eben doch nur ein Frosch ist und das Genörgel der Prinzessin über die Erbse Sie zum Wahnsinn treibt, dann suchen Sie sich jemanden anderen aus. Die Auswahl ist groß genug und wozu gibt es Internetseiten, wo man eine Vorauswahl treffen kann....?
Na ja, so weit die Theorie des Ego. Die Wahrheit ist: Unser Herz führt uns immer dahin, wo wir am meisten lernen können und das ist da, wo unsere schwersten Verletzungen getriggert werden. Bei unseren innersten Lernaufgaben ist der Umtausch ausgeschlossen und deswegen geraten wir bei einer neuen Partnerin oder einem neuen Partner auf Umwegen wieder in die Traufe, in der sich jeder Regen sammelt.

In der christlichen Kultur gibt es den Satz: Gott ist die Liebe. Befassen Sie sich mit der Vorstellung, dass die Liebe ein eigenständiges, allmächtiges Lebewesen sein könnte. Stellen Sie sich Eros als eine Gottheit vor, die Menschen erschafft. Wie geht es Ihnen mit dieser Vorstellung? Was würden Sie diesem mächtigen Lebewesen sagen wollen und welche Antwort erwarten Sie?

Was bedeutet Liebe genau für Sie? Die einzige Möglichkeit zu erkennen, dass Liebe anwesend ist, ist das Gedeihen des Lebens im Umfeld. Was also braucht es, damit Gedeihen stattfindet und was unterbindet Gedeihen? Welche Haltung haben Sie zum Thema Gedeihen? Was tun Sie, damit Ihr Partner gedeiht? Was möchten Sie denen, die Sie lieben, gerne geben? Was ist, wenn die, die Sie lieben, etwas anderes brauchen, als das, was Sie zu geben haben? Wie steht es mit der Bereitschaft, Krisen gemeinsam durchzustehen, Gefährtin oder Gefährte zu sein und den Weg gemeinsam zu meistern? Inwieweit dienen Sie mit Freuden dem Lebenswerk Ihrer Lieben? Können Sie respektvoll sein, wenn Sie zusammen leben? Können Sie andere lieben, wie sich selbst? Überwinden Sie dem oder der Geliebten zuliebe schädliche Abhängigkeiten, damit er oder sie frei sein kann? Wo hört Ihre Liebe auf. Wer oder was hat Ihrer Meinung nach keine Liebe verdient? Reflektieren Sie Ihr Verhalten? Haben Sie Ihre Triebe im Griff? Kalihl Gibran schrieb in seinem Buch „*Der Prophet*“:

‚Wenn die Liebe dir winkt, folge ihr, sind ihre Wege auch schwer und steil. Und wenn ihre Flügel dich umhüllen, gib dich ihr hin, auch wenn das unterm Gefieder versteckte Schwert dich verwunden kann. Und wenn sie zu dir spricht, glaube an sie, auch wenn ihre Stimme deine Träume zerschmettern kann, wie der Nordwind den Garten verwüstetet. Denn so, wie die Liebe dich krönt, kreuzigt sie dich. So wie sie dich wachsen lässt, beschneidet sie dich. So wie sie emporsteigt zu deinen Höhen und die zartesten Zweige liebkost, die in der Sonne zittern, steigt sie hinab zu deinen Wurzeln und erschüttert sie in ihrer Erdgebundenheit. Wie Korngarben sammelt sie dich um sich. Sie drischt dich, um dich nackt zu machen. Sie siebt dich, um dich von deiner Spreu zu befreien. Sie mahlt dich, bis du weiß (rein) bist...‘.

Trauen Sie sich, sich den Kräften auszuliefern, die Ihre Seele rein brennen? Beobachten Sie sich und Ihr Umfeld und nehmen Sie wahr, was Sie von anderen über Liebe erfahren. Schreiben Sie Ihre Gedanken dazu auf.

22. Hörigkeit

Imaginationsübung:

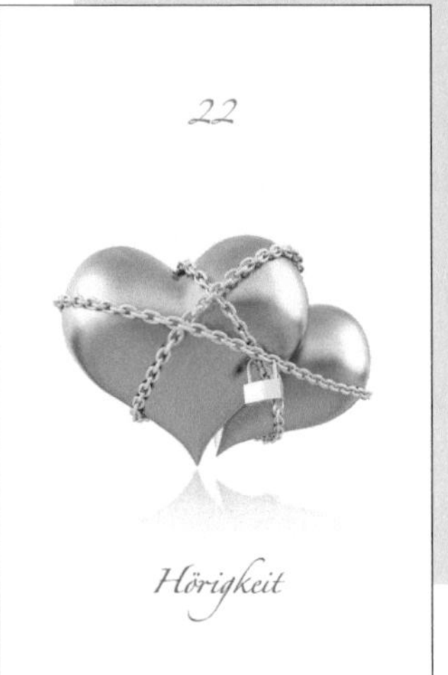

Imaginieren Sie zwei Säulen, die ein Dach tragen. Stehen Sie und Ihr/e PartnerIn stark und gleichberechtigt nebeneinander, sodass Sie gemeinsam das Leben tragen? Oder lehnen Sie sich so aneinander an, dass ein Dach sich gar nicht halten kann, sondern Sie nur miteinander beschäftigt sind? Was würde passieren, wenn eine Säule weg bräche, also im Fall einer Trennung? Glauben Sie dass Ihr/e PartnerIn dann mit dem Leben zurecht käme?

Weitere Information:

Hörigkeit bedeutet Beziehungssucht mit Menschen, die Sie immer wieder zutiefst verletzen. Über Manipulation und Szenen werden Sie dazu gezwungen, das zu tun, was die Partnerin oder der Partner will. Stück für Stück haben Sie Ihre Interessen aufgegeben und bald dreht sich Ihre Aufmerksamkeit ausschließlich um Ihre Partner. Nicht, weil es so gut tut, sondern weil Sie versuchen Schadensbegrenzung zu betreiben. Trennungsgedanken führen zu Schuldgefühlen und irgendwann glauben auch Sie, dass Sie selbst nicht mehr alleine zurecht kommen. Sie sind schon dankbar, wenn einigermassen Ruhe herrscht, was Sie sogar mit glücklich sein verwechseln könnten. Doch Ruhe herrscht nur dann, wenn der/die PartnerIn gerade alles hat, was er oder sie will: nämlich Sie von anderen zu isolieren, um Sie ganz für sich alleine zu haben. Machen Sie sich behutsam bewusst, dass Hörigkeiten gefährliche Beziehungsmuster sind, aus denen man alleine nicht ohne Weiteres heraus kommt. Lassen Sie sich helfen und suchen Sie sich Gesprächspartner, die Ihnen auf dem Weg in Ihre gesunde Freiheit behilflich sind.

Schließen Sie mit sich selbst einen Vertrag:

Hiermit erkläre ich, mich zu verpflichten, gut für mich zu sorgen. Ich schwöre mir die Treue in guten und schlechten Tagen und verspreche, mindestens (setzen Sie einen beliebigen Zeitrahmen ein) mal pro Woche für mich selbst zu investieren. Ich erkenne an, dass meine Partnerin/mein Partner erwachsen ist und genau wie ich, für sich selbst zu sorgen hat. Daher übergebe ich ihr/ihm respektvoll die gesamte Verantwortung für ihr/sein Leben.
Bis zum........... befinde ich mich wieder in einer würdigen Lebenssituation.

Um Ihre negativen Zukunftsbilder in den Griff zu bekommen, legen Sie den Partner immer wieder in die Hände der spirituellen Macht, die Sie für sich akzeptieren können. Zum Beispiel so:

Ritual:
Ich erkenne an, dass es ein Höheres Bewusstsein in jedem Menschen gibt. Ich verneige mich vor dem Höheren in meinem Partner und lege sie/ihn in die Hände des Höheren, das besser weiß als ich, was gut für sie/ihn ist.

23. Luxus

Explorationsübung:

Schreiben Sie das Wort Luxus auf ein Blatt Papier und konzentrieren Sie sich darauf. Welche Ihrer Probleme wären mit Geld lösbar? Im Wort „Luxus" ist das Wort Lux „Licht" enthalten. Was fällt Ihnen dazu ein? Wie interpretieren Sie den Satz: Luxus ist ein Pferd, das man reiten können muss.

Reflexionsfragen:
Üben Sie für ca. 20 Minuten den Satz: „Ich bin das Geld!" Notieren Sie, was Ihnen dazu einfällt. Welchen Charakter haben Sie, wenn Sie selbst das Geld sind? Stellen Sie sich vor, Sie können alle Probleme mit Geld lösen. Welche Vor- und Nachteile hat das?
Was würden Sie in Kauf nehmen, damit Ihr Kontostand Ihren Vorstellungen entspricht? Wie schätzen Sie den Wert eines menschlichen Lebens ein? Denken Sie darüber nach, wie der Wert eines Menschen, sein Geld, Besitz und sein Status in Ihrer Vorstellung zusammenhängen und schreiben Sie Ihre Gedanken dazu auf.

Befassen Sie sich mit der Legende des Herkules, der der Tugend folgt und im Hades landet, dort aber seine Unsterblichkeit findet. Welche wichtige Botschaft birgt die Legende für Ihre moderne Welt?

Ritual:

Wie Herkules gelangen Sie an eine Weggabelung, an der Sie gefragt werden, ob Sie den Weg des Luxus oder den Weg der Tugend beschreiten wollen. Stellen Sie sich ans Ende der beiden Wege und notieren Sie die beiden verschiedenen Ergebnisse. Dann betrachten Sie die beiden Wege jeweils aus der Sicht von Merlin und dem Spirituellen Lehrer. Lassen Sie sich Zeit, nehmen Sie sorgfältig wahr und notieren Sie, was das Feld Ihnen mitteilt.

24. Voodoo

Ritual:

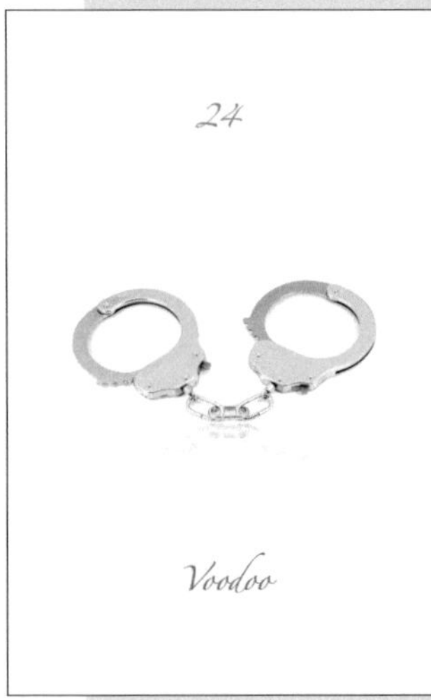

Schreiben Sie „mein freier Wille“ auf ein Blatt Papier. Dann stellen Sie eine silberne Wasserschale mit einer weißen Blüte auf und platzieren zwei weiße Kerzen links und rechts neben dieser Schale. Legen Sie nun das Blatt mit der Aufschrift „mein freier Wille“ vor die Schale und zünden Sie feierlich die Kerzen an. Wenn Sie der Meinung sind, dass Ihr Freier Wille in Sicherheit ist, dann zelebrieren Sie diese Sicherheit und konzentrieren sich darauf. Visualisieren Sie ein Magnetfeld, das Sie, die Wasserschale und das Blatt mit ihrem „Freien Willen“ umgibt und unerwünschte Einflüsse außen vor hält. Wenn Sie sich Manipulationen ausgeliefert fühlen, legen Sie die Schutzübung aus der Sturmsegler Emotionastics-CD ein.

Reflexionsfragen:

Der Voodoo hat überall da eine Chance, wo Sie glauben, einen anderen Menschen zu dem zwingen zu dürfen, was Sie von ihm wollen. Also in der ganz normalen Welt. Ob ein Politiker nicht so funktioniert, wie er sollte, oder ein Promi Dinge tut, die die Menschen nicht für gut befinden - ein Fehlverhalten wird mit einem gewaltsamen Shitstorm beantwortet. Manche Menschen haben von ihren Eltern gelernt, wie man anderen den Willen aufzwingt. Andere hatten ihre Eltern selbst gut im Griff und verlangen die Verwöhnung anschließend nachdrücklich auch vom Rest der Welt. Wie zwingen Sie anderen Ihren Willen auf? Gehen Sie ehrlich mit dieser Frage um. Neben Liebesentzug, Manipulation per Schuldgefühl, Vorwürfen und anderen kleinen Unnettigkeiten wagen manche sich auch an die

Schadensrituale des Voodoo. Niemand kann Sie davon abhalten, Nadeln in Püppchen zu spießen, Liebeszauber zu vollziehen, Flüche auszusprechen und viele kleine Hexereien anzuzetteln, mit denen andere über geistige Mechanismen beeinflusst werden sollen. Klappt das? Manchmal. Erfahrungsgemäss gilt für Voodoo das Statistische Mittel, das besagt: in etwa 33,3333% der Fälle klappt es auf alle Fälle, in weiteren 33,3333% zum Teil und in den restlichen Fällen klappt es nicht. Was aber hundertprozentig klappt, ist die Selbstschädigung, die Sie sich selbst durch die Bindung an diejenigen antun, die Sie durch solche Methoden manipulieren wollten. Voodoo fesselt! Anstatt nach Innen zu horchen und zu verstehen, warum das Schicksal manche Wünsche nicht erfüllt und die Einschränkung als Wachstumschance zu begreifen, versucht das unreife Bewusstsein, Gott zu spielen. Der Schadenzauber ist eine emotional aufgeheizte Schädigungsabsicht. Der „Liebeszauber" soll Menschen zu Gefühlen zwingen, die sie nicht haben wollen. Von Menschen gemachter Hokuspokus kann nie in wahre Liebe führen. Fragen Sie sich, in welchem Bereich Sie mentalen Machtmissbrauch zulassen würden, um ein Ziel zu erreichen.

Vielleicht finden Sie Gefallen an einem hübschen Schutzamulett aus Silber. Befassen Sie sich mit alten Symbolen aus den verschiedenen Religionen und Weisheitslehren, die schon seit Jahrtausenden die Menschen beeindrucken und die Emotionen anregen. Oder vielleicht mit einem Buch über Alchemie. Zeichnen Sie Ihre Lieblingssymbole in Ihr Tagebuch, auf eine Seite, in deren Mitte Sie „der freie Wille" geschrieben haben. Vergessen Sie jedoch nie, dass die stärksten Bannsprüche in Ihrer Kindheit gesprochen wurden. Nichts wirkt so stark im Unterbewusstsein, wie die Befehle, die Sie als Kind aus Gehorsam und Liebe internalisiert haben. Überprüfen Sie die inneren Hypnosen, notieren Sie die strengen, unverrückbaren Sätze, an die Sie sich erinnern können und korrigieren Sie sie. Sie brauchen sie heute nicht mehr.

25. Affenzirkus

Perspektivenwechsel:

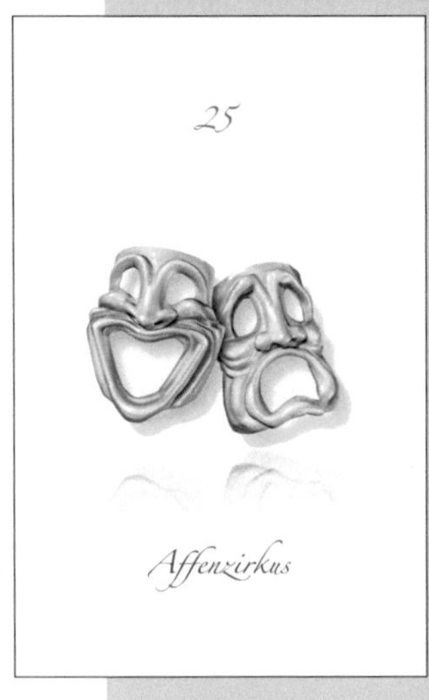

Stellen Sie einen Stuhl in die Mitte des Raumes und nennen Sie ihn „mein Ziel“. Dann setzen Sie sich auf den Stuhl und werden zu Ihrem Ziel. Betrachten Sie sich selbst aus den Augen des Zieles. Gibt es emotionale Hindernisse zwischen Ihnen und dem Ziel? Wird Ihre Aufmerksamkeit zerstreut wie durch die Tülle einer Gießkanne? Sind da Menschen, die sich auch als Erwachsene noch auf den Boden werfen, wenn sie nicht bekommen, was sie wollen? Gibt es Drama-Babies, die Sie erfolgreich ablenken? Versuchen Sie, durch Gehorsam zu beschwichtigen und stellen dabei Ihre Ziele zurück? Notieren Sie Ihre Eindrücke.

Weitere Betrachtung:

Wenn Sie selbst zu dramatischen Aus- und Anfällen neigen, um andere in den Griff zu bekommen, wissen Sie ja schon, wie wirksam das ist. Neben hysterischen Anfällen hindern Sie sich und andere über einen ebenso nervtötenden, wie inhaltsleeren Redeschwall an der konstruktiven Beschäftigung mit dem Lebenswerk. Die Interpretation der letzten SMS eignet sich, stundenlang darüber zu streiten. Du könntest doch dies, warum hast du nicht jenes, du müsstest doch ganz anders....? Nach fünf Stunden fruchtloser Diskussion sind alle frustriert. Kennen Sie das? Mit welcher Energiepiraterie fesseln Sie Aufmerksamkeit? Gehören auch Sie zu den Menschen, für die die Zeit zwischen Geburt und Tod von gähnender Langeweile geprägt ist? Deswegen möchten Sie ein bisschen Schmackes in Ihr tägliches Leben bringen? Affenzirkus ist der Zeitvertreib, der einem faden Alltag einen Schuss Soap-Opera-Geschmack beimischt. Wer keine

Lust auf Schauspielunterricht hat, lässt den Bär steppen, zusammen mit den Elefanten, die aus Mücken gemacht werden. Wenn Sie auf diesem Tripp sind, bekommen Sie oft, was sie wollen, aber selten das, was Ihnen gut tut. Sie tratschen lieber und gehen Kaffeetrinken anstatt ein Bild fertig zu malen oder für Ihre Prüfung zu lernen? So bleiben Sie klein und andere müssen dann für Sie sorgen. Guter Plan, aber schlecht für Ihre Entwicklung. Wir wollen nämlich nicht, dass Ihr Wachstum entartet. Deswegen hier eine Methode für jeden, der sich von Ihnen abgrenzen will. Nehmen Sie sich Zeit für die Erkenntnis, dass manche Menschen sich wie die Kinder beruhigen, wenn Ihnen Grenzen gesetzt werden. Inwiefern brauchen Sie den Halt, den Sie sich selbst nicht geben können? Wenn Ihr Umfeld das „Nein“ nicht hinkriegt, das Ihnen helfen würde, geben Sie einfach folgende Anleitung weiter:

Aussteiger-
Ritual:
Stellen Sie sich vor, Sie haben einen Fernsehbildschirm vor sich, auf dem gerade der „Drama-Baby-Hystery-Channel“ läuft. Aber anders als sonst, reagieren Sie nicht darauf. Lehnen Sie sich einfach entspannt zurück und atmen Sie tief durch. Wenn Sie dem Drama gelassen zuschauen können, ohne das Atmen einzustellen, benutzen Sie den Knopf, der dafür sorgt, dass Sie die Szene verstärken können. Drehen Sie so weit auf, wie Sie es aushalten. Wichtig ist, dass Sie gelassen bleiben und nicht mit Stress reagieren. Wenn Sie dann so weit sind, dass Sie die italienische Szene nur noch mit „Wow“ beantworten, anstatt mit Aktion, bekommen Sie 1000 Pluspunkte. Glückwunsch!

26. Verirrungen

Assoziations- und Visualisierungsübung:

Befassen Sie sich mit dem Wort Sackgasse und spüren Sie nach. Wie fühlt es sich an, in einer Sackgasse zu stehen? Mauern vor und neben Ihnen. Sie haben sich verlaufen, waren nicht ganz frei in Ihren Entscheidungen. Irgendwie wurde die Situation immer verwirrender und jetzt sind Sie in einer Sackgasse gelandet. Spüren Sie nach. Wie fühlt sich Ausweglosigkeit an? Halten Sie das Gefühl eine Weile aus, bevor Sie zur Lösung übergehen, damit Sie nicht mehr flüchten müssen.

Lösungsübung:

Berühren Sie die Mauer vor Ihnen mit den Händen. Was spüren Sie? Ist die Mauer hart, weich, kalt, warm? Welche Farbe hat sie? Wie hoch ist sie? Ist es eine alte oder eine neue Mauer? Gibt es Hinweise darauf, dass schon vor Ihnen Menschen an dieser Mauer standen? Ertasten Sie die Mauer so gut Sie können. Schreiben Sie Ihre Wahrnehmungen auf.

Dann drehen Sie der Mauer den Rücken zu. Lehnen Sie sich an die Mauer und schauen Sie zurück. Was sehen Sie, wenn Sie zurück schauen? Wie fühlt sich die Mauer in ihrem Rücken an? Hat sie vielleicht sogar einen Sinn?

Stellen Sie sich vor, Sie *sind* die Mauer. Betrachten Sie, was sich auf Ihren beiden Seiten befindet. Was ist auf der einen und was auf der anderen Seite? Wer hat Sie da hin gebaut und wozu? Seit wann steht die Mauer da?

Als letzte Übung stellen Sie sich vor, Sie können fliegen. Betrachten Sie die Szenerie von oben. Erheben Sie sich weiter in die Luft. Wie sieht Ihre Position in Bezug auf die Mauer von weiter oben aus? Skizzieren Sie die verschiedenen Blickwinkel in Ihrem Tagebuch und machen Sie sich Notizen dazu.

27. Müllseiten

Der Müllblock:

Besorgen Sie sich einen Block, den Sie „Müllblock“ nennen. Wann immer Sie negative, ängstliche oder schwermütige Gedanken im Kopf haben oder sogar im Kreis grübeln, holen Sie sich den Müllblock und schreiben alles unzensiert auf.

Schmähbrief:

Wenn jemand Sie geärgert hat und Ihre Gedanken an dieser Person und dem inneren Dialogen mit ihr oder ihm fest hängen, nutzen Sie den Müllblock. Schreiben Sie einen „Schmähbrief“, der alle Kraftausdrücke enthält, die Sie dieser Person am liebsten ins Gesicht schleudern würden. Achtung: BITTE NICHT absenden! Ziehen Sie für sich alleine ruhig richtig vom Leder, aber dann übergeben Sie Ihre harten Worte dem Schredder oder dem transformativen Feuer! Lassen Sie das Negative verbrennen und öffnen Sie sich für das Positive. Wenn Sie eine Affinität dazu haben, geben Sie ein wenig Räucherwerk dazu. Wiederholen Sie die Prozedur, bis Ihre Gedanken positiver werden. Optimal ist es, wenn die negative Situation ihre Anziehungskraft verliert und Ihre Gedanken sich einem konstruktiven Lebensbereich, vielleicht sogar Ihrer Kreativität, zuwenden. Es kann gut sein, dass Sie jetzt mit angenehmeren Erfahrungen in Resonanz gehen. Nutzen Sie den Müllblock auch, wenn Sie sich in irgendeiner Richtung blockiert fühlen, eine Schreibblockade beispielsweise. Schreiben Sie sich Ihre Resignation, Ihren Frust und die Aussichtslosigkeit von der Seele. Der Müllblock wird Ihre Negativität geduldig entgegen nehmen, bis es Ihnen besser geht.

28. Hemmnisse

Feldübung:

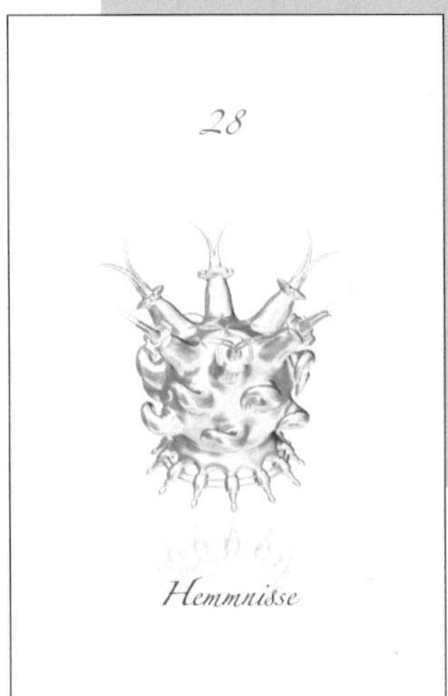

Stellen Sie einen Stuhl in die Mitte des Raumes und setzen Sie sich darauf. Seien Sie das Hemmnis. Nichts und niemand kommt an Ihnen vorbei. Machen Sie sich groß und breit und erforschen Sie, wie Sie sich als Hemmnis fühlen. Dann betrachten Sie sich aus den Augen des Hemmnisses. Wie wirken Sie und was fällt Ihnen auf?

Reflexionsfragen:
Aus was besteht das Hemmnis? Welche Farbe hat es? Wie fühlt es sich an? Ist es kalt oder warm? Wie riecht es? Wer hat es dort hin gestellt? Was konkret verhindert es? Was ist das Ziel des Hemmnisses, bzw. desjenigen, der es dort hin gestellt hat? Welche innere Überzeugung müssten Sie verändern, damit das Hemmnis auf Seite gehen?
Denken Sie darüber nach, ob es etwas Positives gibt, an dem, was das Hemmnis tut. Wovon hält es Sie ab? Ist das, wovon Sie abgehalten werden, vielleicht gefährlich? Schließlich kann einem Erfolg gehörig auf den Magen schlagen.:-) Oder sorgt es für Entschleunigung in unwegsamem Gebiet, wo Sie durch Ihren gestreckten Galopp zu Schaden kommen könnten? Ist das, was Sie wollen im Sinne des Erfinders und in dem Ihres Wohlergehens?
Überprüfen Sie die Qualität Ihres Zieles. Dient das Ziel Ihrer Entwicklung oder Ihrem Ego? Zeichnen Sie das Hemmnis, stellen Sie es künstlerisch dar und beschreiben Sie es genau in Ihrem Tagebuch.

29. Magie

Assoziationsübung:

Schreiben Sie das Wort I-Magie-Nation auf ein großes Blatt und denken Sie darüber nach. Was fällt Ihnen alles dazu ein? Wie ist der Stuhl, auf dem Sie sitzen, von der Imagination zum Stuhl geworden? Denken Sie über den Weg nach, den Ideen bis zur Verwirklichung durchlaufen. Wenn der Plan unterwegs einige Prüfungen zu bestehen hat, so dient dies der Qualitätssicherung. Wissen Sie, was Sie wollen, auch wenn es schwierig wird?

Wunschübung:

Nehmen Sie sich fünf Minuten Zeit, um unzensiert aufzuschreiben, was Sie sich wünschen. Unzensiert bedeutet, dass Sie nicht darüber nachdenken, ob das, was Sie sich wünschen, realistisch, heute so und morgen anders sein könnte. Schreiben Sie die Liste in Ihr Tagebuch und wiederholen Sie die Übung einige Tage später. Vergleichen Sie dann die beiden Listen miteinander. Enthält die zweite Liste andere Wünsche? Fügen Sie neue Wünsche der ersten Liste hinzu. Alle Ihre Wünsche sollen berücksichtigt und genau formuliert werden.

Achtung: schreiben Sie nicht auf, was Sie *nicht* wollen. Sie können formulieren, was aufhören soll, aber gleichzeitig ist es wichtig, in Worte zu fassen, was stattdessen dann geschehen soll. Welche Form sollen Ihre Worte Ihrer Zukunft geben? Form-ulierung tut nämlich genau das. Deswegen ist es wichtig an den Formulierungen zu arbeiten.

Formulierungsübung: Achten Sie genau darauf, was Sie schwammig zum Ausdruck bringen und schärfen Sie Ihre Formulierungen. Geben Sie nicht auf und lassen Sie nicht zu, dass Ihr innerer Schweinehund Sie zum Aufgeben bringt. Wiederholen Sie die Übung immer wieder und vergleichen Sie die Listen miteinander. Was sich unterwegs von selbst erledigt, streichen Sie durch. Wenn Sie eine Zeitvorstellung haben, schreiben Sie zu den Wünschen dazu, bis wann diese sich erfüllt haben sollen. Halten Sie die Wunschliste immer aktuell. Stellen Sie sich vor, dass das Universum immer wieder nachfragt, bis Sie die Wünsche klar und deutlich in wenige Worte fassen können, dass Ihr Satz einem Zauberspruch gleicht. Überprüfen Sie gleichzeitig, ob manche Wünsche eine Aktion von Ihnen benötigen. Klavierspielen lernt man nicht allein durch den Wunsch, spielen zu können:-)

Qualitätsübung: Vergleichen Sie die Qualität Ihrer verschiedenen Wünsche miteinander. Manche sind vielleicht flüchtig und am nächsten Tag wieder gleichgültig. Andere hingegen halten sich länger. Wieder andere bleiben wichtig und werden immer greifbarer, je mehr Sie sich damit befassen. Lernen Sie die Qualität Ihrer Wünsche zu unterscheiden. Üben Sie das solange, bis Sie jeden Wunsch, wie einen Zauberspruch, in einen kurzen Satz fassen können.

30. Spiegel

Konfliktübung:

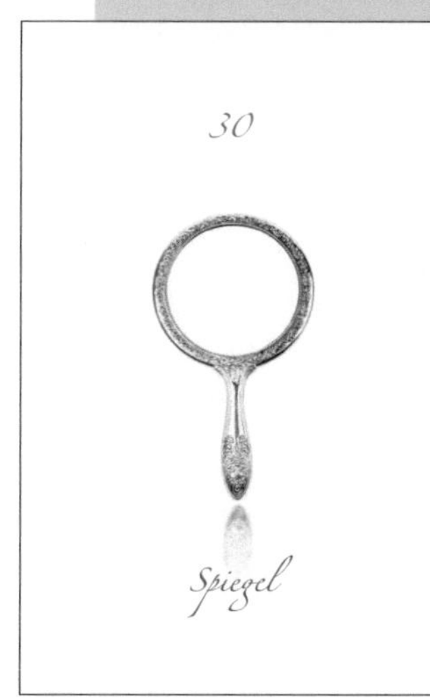

Beschreiben Sie jemanden, den Sie absolut nicht leiden können. Jemand, den Sie am liebsten zum Mond oder sonst wohin schießen würden. Möglichst genau, bitte. Wie verhält er sich, was macht er, was Sie niemals tun würden? Sieht derjenige aus, wie Sie niemals aussehen wollen würden? Was sagt er, wie klingt die Stimme und wie riecht er?

Reflexionsfragen:

Bevor Sie sich dem widmen, dass eben dieser Mensch Ihnen eine wichtige, wertvolle Nachricht geben wird und Ihnen nützlicher sein wird, als alle, die Sie mögen, schimpfen Sie sich ruhig erst mal die negativen Gefühle aus dem Gemüt und prügeln auf ein Kissen ein. Dann denken Sie an Ihre Kindheit zurück. Erinnert dieser „Doof-Spiegel" Sie an jemanden? Gab es jemanden, der das gleiche Gefühl in Ihnen auslöste wie heute? Geben Sie einem Stuhl den Namen Ihres Kontrahenten und setzen Sie sich darauf. Betrachten Sie sich selbst aus den Augen des Kontrahenten. Wie wirken Sie aus seiner Sicht? Wie geht es demjenigen, wenn er merkt, wie sehr er Sie ärgern kann? Zwingt Sie dieser Mensch zu einer „Entweder-Oder Entscheidung"? Holen Sie einen weiteren Stuhl und nennen Sie ihn „Alternative". Setzen Sie sich drauf und schauen Sie zwischen sich und dem „Doof-Spiegel" hin und her. Was fällt Ihnen auf? Gibt es außer dem „Entweder - Oder" noch eine andere Lösung? Wenn Sie alleine nicht weiter kommen, besprechen Sie die Situation mit Ihrem Coach. Was spiegelt Ihnen die Welt und mit welcher Lernaufgabe will sie Sie bereichern? Lockern Sie Ihren Kiefer. Durch's Zähneknirschen wird nichts besser :-). Lassen Sie sich lieber durch Erkenntnis bereichern.

31. Kreativität

Desensibilisierungsübung:

Nehmen Sie sich Zeit für etwas, was Sie nicht können. Kaufen Sie sich die Utensilien dazu. Schreiben, flexen, tischlern, malen, basteln, töpfern, dekorieren, schneidern oder was auch immer. Dann nehmen Sie sich vor, ein wirklich schlechtes Bild zu malen, einen Gegenstand zu schreinern, den man als solches gar nicht erkennt, einen schiefen, nutzlosen Krug zu töpfern, ein schiefes Hemd zu nähen oder schrecklich falsch zu singen und zu tröten.

Weitere Betrachtung:

Schreiben Sie sich einen Hosentaschenzettel mit dem Satz: „ich befreie mich von der Bewertung“. Nehmen Sie bewusst Ihre Hände und Ihren Körper beim Arbeiten wahr. Wie fühlen sich die Stoffe an, mit denen Sie arbeiten? Der Pinsel, die Farbe, der Ton, das Holz, etc.? Wie riechen sie? Strengen Sie sich nicht an. Achten Sie einfach darauf, dass das, was Sie da tun, wirklich schrecklich ist und nicht aus Versehen doch etwas Gutes dabei heraus kommt. Sonst haben Sie das Spiel verloren ;-).

Es ist Zeit, um etwas schlecht zu machen und dafür eine gute Note zu bekommen - einfach nur dafür, dass es gemacht ist. Wählen Sie ruhig etwas, was Sie wirklich gar nicht können. Beobachten Sie sich dabei. Wie ist das, etwas wirklich Chaotisches, Hässliches zu machen? Können Sie dem Hässlichen, das Sie erschaffen haben, Wohlwollen entgegen bringen? Können Sie es zum Glücksbringer für Ihre Kreativität werden lassen? Ohne Grund, ohne Ziel. Einfach, weil es ausprobiert werden will?

Üben Sie über einen längeren Zeitraum immer wieder und zeigen Sie niemandem, was Sie da tun. Oder tun Sie es nur mit anderen, die diese Übung mitmachen.

Notieren Sie während dessen immer wieder, was Ihr innerer Kritiker dazu sagt. Lernen Sie den Teil von sich kennen, der Sie und andere daran hindert, etwas Neues auszuprobieren. Schaffen Sie etwas speziell für Ihren inneren Kritiker, damit dieser das tun kann, was er am besten kann: Kritik üben! Geben Sie ihm dafür eine gute Note. Denken Sie daran, dass Kritiker oft nur eines können: Kritik üben. Geben Sie dem Kritiker das Mitgefühl, aber setzen Sie ihn nicht auf den Regierungsstuhl Ihrer Seele.
Was hat sich durch die Übung für Sie verändert? Denken Sie dran: Ihr Tagebuch ist Ihr Freund!

32. Bildung

Visualisierungsübung:

Schließen Sie die Augen und bitten Sie Ihren Intellekt, Ihnen vor Augen zu führen, welche Art von Nahrung Sie ihm zuführen. Dann bitten Sie Ihn, Ihnen ein Bild von dem zu schicken, was er sich wünschen würde. Skizzieren Sie die Ergebnisse in Ihrem Tagebuch und denken über die Ergebnisse nach.

Reflexionsfragen:

Wissen ist Macht und Nicht-Wissen macht sehr wohl etwas, nämlich nervös. Der Intellekt braucht Inspiration, wie der Körper das Wasser, sonst geht ihm die Puste aus. Mit geistiger Nahrung verhält es sich ähnlich, wie mit anderen Lebensmitteln. Man gewöhnt sich an Fast- und Junkfood. Aber auf Dauer fühlt man sich nicht so gut. Faktisches Wissen macht widerstandsfähig gegen Manipulation von Meinungsmachern. Bilden Sie sich weiter, bevor Sie sich eine Meinung bilden? Überprüfen Sie Fakten? Aus welchen Quellen beziehen Sie Ihre Informationen? Können Sie zwischen sachlichen Informationen und Meinungsmache unterscheiden? Äußern Sie Ihre Meinung so, dass sie der Gemeinschaft als Information dient? Können Sie Ihre Meinung ändern, wenn Sie Fakten erfahren, die Sie bisher nicht kannten? Was denken Sie über Menschen, die glauben, alles zu wissen? Wenn Sie ein älteres Semester sind, dann wissen Sie noch, was ein Lexikon ist. Kennen Sie jemanden, der alles weiß, was darin steht? Welche Bedeutung hat Bildung in Ihrem Umfeld? Wie geht es Ihnen damit, dass Sie, egal, wie viel Sie sich bilden, niemals alles wissen werden? Wenn es eine Person namens Bildung gäbe, wie sähe diese aus und wie verhielte sie sich? Notieren Sie Ihre Einschätzung in Ihrem Tagebuch.

33. Flow

Übung:

Nehmen Sie ein Symbol für Ihre Begeisterung in die eine Hand und eines für Ihren Arbeitsalltag als Symbol in die andere. Nehmen Sie sich Zeit und führen Sie die beiden Hände behutsam zusammen. Kommen die beiden sich entgegen? Wenn nein, gibt es etwas zu bearbeiten. Wenn ja, warten Sie, bis sich die beiden Hände erreicht haben und spüren nach, wie sich das anfühlt. Legen Sie beide Hände gemeinsam auf Ihr Herz. Verändert sich etwas? Nehmen Sie wahr, was Sie empfinden und welche Gedanken aufsteigen.

Reflexionsfragen:

Setzen Sie sich an einen Fluss und hören Sie der Strömung zu. Wie fühlt sich das an? Flow heißt übersetzt „Fließen, Rinnen, Strömen". Wenn Sie sich im Flow befinden, dann fließen Energie und Kreativität und sorgen dafür, dass Sie sich wach und angeregt fühlen. Im Flow erleben Sie sich gesund und zufrieden. Womit können Sie sich stundenlang befassen? Mit welcher Tätigkeit vergessen Sie Zeit und Raum und haben danach das Gefühl, etwas geschafft zu haben? Arbeiten Sie mit Gewinnern zusammen? Kennen Sie jemanden, der in seiner Berufung den Flow findet? Befassen Sie sich damit, dass Sie einen großen Teil Ihrer Zeit mit Arbeit verbringen. Wenn der Flow dort keine Rolle spielt, dann überprüfen Sie Ihre grundlegende Einstellung zur Arbeit. Achten Sie darauf, dass Ihnen Ihre Tätigkeit entspricht? Ist Arbeit in Ihrer Gefühlswelt positiv belegt? Sehen Sie in Ihrer Arbeit eine Entwicklungschance? Wozu arbeiten Sie? Na klar, wegen Geld. Aber wozu noch? Erarbeiten Sie eine Mind-Map zum Thema Arbeit, Talent, Emotion und Begeisterung. Auf einem Blatt :-).

34. Handschrift

Praxisübung:

Gönnen Sie sich ein schönes Schreibgerät und ein Briefpapier, das Ihnen gefällt. Schreiben Sie ein Gedicht, einen Brief oder eine Geschichte per Hand. Gefällt Ihnen Ihre eigene Schrift? Experimentieren Sie ein wenig mit Ihren Initialen.
Verfassen Sie einen handgeschriebenen Brief an sich selbst und senden Sie ihn mit der Post ab.

Reflexionsfragen:
Ihre Handschrift ist so unverwechselbar wie Ihr Fingerabdruck. Schreiben Sie gerne? Wenn nein, wann haben Sie die Freude an der eigenen Schrift verloren? Was haben Sie gehört in Bezug auf Ihre Schrift und wie ging es Ihnen damit? Welche Gefühle und Erinnerungen verbinden Sie mit Ihrer Handschrift? Wann haben Sie das letzte Mal einen Brief geschrieben? Wie geht es Ihnen damit?
Beschäftigen Sie sich mit Kalligrafie. Lernen Sie einfach zum Spass hebräische, kyrillische Buchstaben oder Sütterlin. Sie werden sich entspannen und einiges über sich lernen. Alles, was Sie mit der Hand abschreiben, hält sich besser in Ihrem Gedächtnis. Wenn Sie Lust auf eine bessere Schrift, Ausdrucksweise oder Rechtschreibung haben, schreiben Sie doch einfach mal eine Seite aus Ihrem Lieblingsbuch ab. Entspannen Sie bei dieser schönen, stilvollen Art des Lernens mit einer Tasse Tee und genießen Sie Ihre Schrift.

35. Einfluss

Praxisübung:

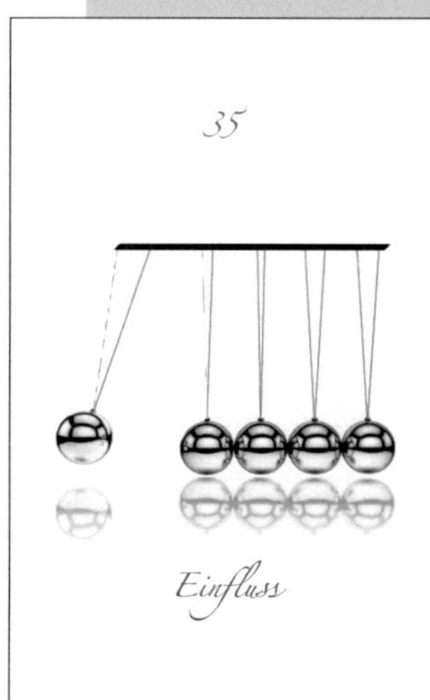

Überprüfen Sie Ihr Fernseh- und Medienverhalten. Mit welchen Ausschnitten der Realität konfrontieren Sie sich täglich? Wie beeinflussen die Informationen, mit denen Sie Ihr Weltbild täglich formen das, an was Sie glauben? Sehen Sie anderen beim Leben zu oder beobachten Sie die negativen Aspekte des Lebens, um daraus abzuleiten, wie die Welt ist?

Reflexionsfragen:
Beobachten Sie sich: welche Art von Information nehmen Sie auf? Was erwarten Sie durch die Information von der Welt und der Zukunft? Schreiben Sie eine Woche lang auf, was Sie aus dem Fernsehen über sich, Ihr Leben und Ihre Zukunft lernen. Wie viel Einfluss, glauben Sie, haben Sie auf das Weltgeschehen? Was bewirkt die Information in Ihnen und was fühlen Sie, während Sie fernsehen? Zu welchen Entscheidungen bringen Sie die Sendungen, die Sie sehen? Übersehen Sie durch die Beschäftigung mit der Ferne das Nahe-Liegende? Erkennen Sie die Lernaufgaben in Ihrer direkten Umgebung? Was wäre, wenn Sie feststellen würden, dass Sie Ihre Lernaufgaben in der direkten Umgebung übersehen, weil Sie in die Ferne sehen? Analysieren Sie Ihre direkte Umgebung und machen Sie sich eine Liste von all den Dingen, auf die Sie Einfluss nehmen könnten. So können Sie eventuelle Gefühle von Ohnmacht und Unwichtig-Sein überwinden. Beginnen Sie mit den kleinen Dingen des Lebens und fühlen Sie wie gut das tut. Wir leben in Zeiten, in denen es völlig normal ist, die aktuelle, nahe liegende Realität zu verlassen und in die Ferne zu sehen. Wagen Sie ein wenig Un-Gehorsam. Das Unterbewusstsein unterscheidet nicht zwischen real erlebter Realität und dem, was auf der Mattscheibe flimmert. Für viele

entsteht die Illusion, gelebt zu haben, während sie aber eigentlich auf Standby standen und anderen beim Leben zusahen. Wagen Sie es, selbst zu leben - es tut auch meistens mehr gut als weh, wenn man ein bisschen übt ;-).

36. Transformation

Imaginationsübung

Stellen Sie sich vor, Sie sind ein prachtvoller, bunter Schmetterling, der von Blume zu Blume fliegt. Hinter Ihnen liegt eine Zeit im Kokon und irgendwann vorher waren Sie eine Raupe, die ganze Bäume leer gemampft hat. Erleben Sie sich in der Leichtigkeit und stellen Sie sich den Duft und die Farben vor.

Reflexionsfragen:
Ein Schmetterling ist ein wunderbares Wesen. Allerdings erst, wenn die Raupe das durchlaufen hat, was man Transformationsprozess nennt. Wenn die gierige, unersättliche Raupe in ihrer Gefangenschaft im Kokon gestorben ist, geht sie als etwas völlig Neues, Wunderbares aus dem Prozess hervor. Stellen Sie sich vor, dass Schicksal auch so ähnlich funktioniert, wenn es den Tod des Ego nach sich zieht. Wenn Sie wissen, dass aus allem Negativen etwas Positives hervorgehen kann, haben Sie eine Perspektive. Diese erlaubt Ihnen, besser mit Schwierigkeiten umzugehen. Schmetterlinge wirken zwar zart, sind aber extrem widerstandsfähig. Sie können nicht nur tausende von Kilometern fliegen, sondern bestäuben im Vorbeifliegen auch noch Pflanzen. So bereichern sie die Welt durch ihre Schönheit, sind mühelos unterwegs und sorgen auch noch für die Vermehrung des Schönen und Nahrhaften. Ein Symbol, für höchste Resilienz.

Welche Gedanken haben Sie dazu? In welcher Phase befinden Sie sich gerade? In der Raupen-, Kokon- oder Schmetterlingsphase? Wenn das Schicksal an die Türe klopft, ist das selten ein Grund für Freudensprünge. Nehmen Sie diesen Transformationsprozess trotzdem an. Wehren Sie sich nicht. Klammern Sie sich nicht an die bisherigen Gegebenheiten. Das könnte schmerzhaft werden. Seien Sie freundlich zu sich und halten Sie sich auch anderen gegenüber mit Schuldzuweisungen zurück. Das Leben fragt Sie immer wieder, ob Sie lieben, so gut es geht. Tun Sie alles, was Sie können, um diese Welt etwas besser zu machen? Gibt es Themen aus anderen Zeiten, die Beachtung verdienen? Befassen Sie sich mit dem „Worst Case", mit dem Schlimmsten, was Ihnen im Leben widerfahren könnte. Können sie erkennen, woher diese Angst stammt? Überprüfen Sie, ob Sie schon längst überholte Muster wiederholen, die sich inzwischen negativ auswirken. Was Ihnen als Kind beim Überleben geholfen hat, kann heute einschränkend sein. Episkripte aus anderen Generationen können sich wie unbewusste Virusprogramme auswirken. Diese gilt es zu erkennen, um sie dann umzuschreiben. Befassen Sie sich mit der Vergangenheit und befrieden Sie, was da noch offen ist.

Wenn Sie das allein nicht schaffen, keine Sorge. Es ist völlig normal, um seine blinden Pfützen herum zu denken. Auch die Seele hat nicht wirklich Lust auf nasse Füsse. Fragen Sie einfach einen Seelenspezialisten, wie man ein Muster umschreibt. Vielen sind IT'ler zwar lieber als „Shrinks", aber die sind in diesem Bezug meist etwas zu digital und haben nicht selten eine Psychoallergie :-).

So oder so - bitte immer ruhig weiter atmen und alles aufschreiben.

37. Instinktnatur

Visualisierungsübung:

Irgendwo tief in Ihrem Inneren lebt ein Königstiger. Setzen Sie sich entspannt hin und lassen Sie Ihre Gedanken nach innen wandern. Lebt dieser Königstiger in Ihnen frei oder ist er eingesperrt? Wie geht es Ihnen mit Ihrem inneren Tiger? Fürchten Sie sich oder können Sie das Raubtier an sich heranlassen? In welchem Zustand befindet sich Ihr Tiger? Achten Sie auf Ihre Atmung und lassen Sie diese ganz entspannt fließen, während Sie den Tiger betrachten. Können Sie sich damit versöhnen, dass ein Teil von Ihnen ein Raubtier ist? Haben Sie Zugang zu Ihren wehrhaften Anteilen, um sich oder die, die Ihnen anvertraut sind, im Zweifel mit Zähnen und Klauen zu verteidigen? Stellen Sie sich vor, dass Sie dem Kind, das Sie einmal waren, den Tiger vorstellen. Sagen Sie ihm: „Der passt ab sofort auf dich auf und niemand, absolut niemand, darf dich schlecht behandeln. Der Tiger wird immer auf deiner Seite sein". Wie reagiert das Kind? Lassen Sie zu, dass das Kind mit dem Tiger Kontakt macht. Der Tiger wird dem Kind nichts tun. Wenn jemand dem Kind jedoch schaden will, könnte es für denjenigen sehr schnell sehr ungemütlich werden.

Reflexionsfragen:

Denken Sie darüber nach, dass Sie über ein äußerst aggressives Verdauungssystem verfügen, das alles, was Sie zu sich nehmen, aufspaltet und in Gut und Böse unterteilt. „Das Gute ins Kröpfchen, das Schlechte ins Töpfchen" sorgt dafür, dass Sie gesund bleiben und nicht vergiftet werden. Die Instinktnatur ist ein Kind der Naturgewalten. Sie lässt uns Gefahr wittern wie ein Tier. Vielleicht lässt sie Ihre Wut plötzlich aufschäumen. Vielleicht warnt Ihr Geruchssinn Sie vor jemandem, den Sie überhaupt nicht kennen. Nehmen Sie es ernst, wenn Sie jemanden „nicht riechen können“ und bleiben Sie wachsam. Wäre eine Insel, auf der Sie gerade Urlaub machen, von einem Tsunami bedroht, würde Ihre Instinktnatur dafür sorgen, dass Sie die Kinder packen und rennen. Zusammen mit den Tieren, lange bevor die Katastrophe sichtbar wird. Wenn Sie am Strand stehen bleiben und filmen, ist das der Beweis, dass Sie die Instinktimpulse unterdrücken. Die Instinktnatur lässt nicht zu, dass Sie gefährliche oder negative Dinge des Lebens übersehen. Sie lässt Sie schnell und archaisch reagieren. Wenn die Beziehung zu Ihrer Instinktnatur intakt ist, brauchen Sie keine Alarmanlage. Schalten Sie die schrille Stress-Glocke nicht einfach ab. Sie könnte auf etwas essentiell Bedrohliches hinweisen wollen. Tauschen Sie sich aus über innere Signale. Suchen Sie sich dazu Menschen aus, in deren Gegenwart Ihre Instinktnatur ruhig schnurrt. Sie werden die angenehme Stille im Inneren fühlen. Wenn Ihr Umfeld Ihre Grenzen respektiert, wird auch Ihre Instinktnatur friedlich sein.

Notieren Sie Ihre Erlebnisse mit der Instinktnatur in Ihrem Tagebuch und machen Sie sich bewusst, dass da, wo Natur ist, auch immer gleichzeitig Gefahr herrscht. Finden Sie die Kraft der Natur in sich selbst. Versöhnen Sie sich mit der Gefahr, die von Ihnen selbst ausgehen kann und finden Sie so zu einer größeren inneren Sicherheit.

38. Intuition

Wahrnehmungsübung:

Lehnen Sie sich zurück und nehmen Sie Ihre Arme und Beine wahr. Sind die ganz entspannt? Wandern Sie gedanklich weiter zu Ihrem Magen, zu Ihrem Rücken, den Schultern und dem Nacken. Was macht Ihre Atmung? Welche Emotionen sind in Ihnen? Haben Sie Ideen, Gedanken, innere Bilder? Nehmen Sie sich selbst bewusst wahr.

Legen Sie eine Moderationskarte mit dem Wort „Zuhause" vor sich hin und überprüfen Sie wieder Ihre Selbstwahrnehmung. Hat sich etwas verändert? Nutzen Sie nun eine andere Moderationskarte, auf die Sie den Namen einer Stadt schreiben, die Sie mögen, etwa „Paris". Nehmen Sie diese Karten abwechselnd in die Hand. Wie reagiert Ihr Körper auf „Paris", wie auf „Zuhause"? Diese Übung können Sie auch mit verschiedenen Lotuskarten machen. Fühlen Sie mit geschlossenen Augen nach, welche Karte Sie gerne in der Hand halten. Welche Karte würden Sie lieber wieder weglegen? Fragen Sie sich, warum Ihre Intuition so unterschiedlich auf verschiedene Themen reagiert. Wie verändern sich zum Beispiel Ihre Atmung und Ihr Herzschlag? Üben Sie, indem Sie immer wieder verschiedene Karten abwechselnd testen. Können Sie die Karten mit geschlossenen Augen identifizieren? Üben Sie auch mit Karten, auf der ein Wort steht, das Sie beunruhigt, etwa Unfall oder Verbrechen, o.ä.. Können Sie den Unterschied nun spüren? Wenn nicht, einfach weiter üben. Wird schon! :-)

Intuitionsübungen:

Lernen Sie, Ihren Körper wie einen Sensor einzusetzen. Schalten Sie ab und zu Handy und Navi aus und versuchen Sie, eine Adresse intuitiv zu finden. Schauen Sie vorher auf die Karte und erfühlen Sie die Adresse, dann fahren Sie los. Lassen Sie sich von Ihrer Körperwahrnehmung leiten. Fahren Sie öfter mal wieder nach Karte mit dem Auto. Ihre Intuition teilt sich durch eine Art positiver Gewissheit mit. Verwechseln Sie die Intuition nicht mit den düsteren Vorahnungen, die Ihre Ängste Ihnen schicken. Die Intuition ist beruhigend, richtungsweisend und führt Sie zu dem Ziel, das Sie in Form von Bildern und Gefühlen in Ihrem Inneren vorprogrammiert haben. Wenn die Intuition mit Ihnen spricht, fühlen Sie sich rückversichert. Daran erkennen Sie sie. Schalten Sie innerlich auf Autopilot und üben Sie, sich auf die Eingebungen zu verlassen. Am Anfang klappt das vielleicht nicht immer, denn Sie haben in diesem modernen Leben gelernt, viel Nebensächliches wahrzunehmen. Wenn Sie nicht von einem Trapper abstammen, gehört Fährtensuchen nicht zu Ihrem Repertoire. ;-) Lernen Sie darüber zu lachen und üben Sie weiter. Notieren Sie Ihre Erlebnisse. Denken Sie daran, dass Geschichten über Pannen im Nachhinein viel witziger sind, als die langweiligen Erfolgsgeschichten, die sich in einem „hat geklappt“ erschöpfen :-).

39. Staunen

Praxisübung:

Schneiden Sie eine Kartoffel oder einen Apfel quer in dünne Scheiben und halten Sie sie gegen das Licht. In der Apfelscheibe sehen Sie das Bild der Apfelblüte, in der Kartoffel das Bild einer Wurzel. In jeder Frucht finden Sie die Erinnerung an die Herkunft der Frucht wie in einem Wasserzeichen verewigt. Wie mag das geschehen? Finden Sie die logarithmische Spirale in einem Schneckenhaus. Wie kommt es, dass die Natur Schneckenhäuser nach geometrischen Gesetzen baut? Betrachten Sie die Fraktale in einem Blumenkohl - faszinierende Muster, egal wohin Sie schauen. Nehmen Sie sie wahr.

Reflexionsfragen:
Wann haben Sie das letzte Mal über die Schöpfung gestaunt? Darüber, dass es keine Schneeflocke doppelt gibt. Dass jeder Fingerabdruck der Menschen unterschiedlich ist. Darüber, wie wie Blüten aussehen? Betrachten Sie die anderen Lebewesen, die mit Ihnen die Welt bevölkern etwas genauer. Haben Sie schon mal recherchiert, wie besonders Eulen sind oder sie sogar in freier Wildbahn beobachtet? Gönnen Sie sich eine Dokumentation über die Pyramiden. Beschäftigen Sie sich mit den ungelösten Rätseln dieser Welt. Zeichnen Sie ein Bild in Ihr Tagebuch: das Bild eines Blattes, eines Insekts oder eines Schmetterlings. Das Universum, das wir bewohnen, ist eine Fundgrube für faszinierende Wunder. Betrachten Sie alles mit den Augen eines Kindes, bis Sie wieder staunen können und Ihr Geist sich über den Alltag erhebt. Erlauben Sie sich, über Ihr eigenes Leben zu staunen. Was ist das, was da aus Ihren Augen heraus schaut? Schreiben Sie Ihre Gedanken dazu in Ihr Tagebuch.

40. Zeitherrscher

Praxisübung:

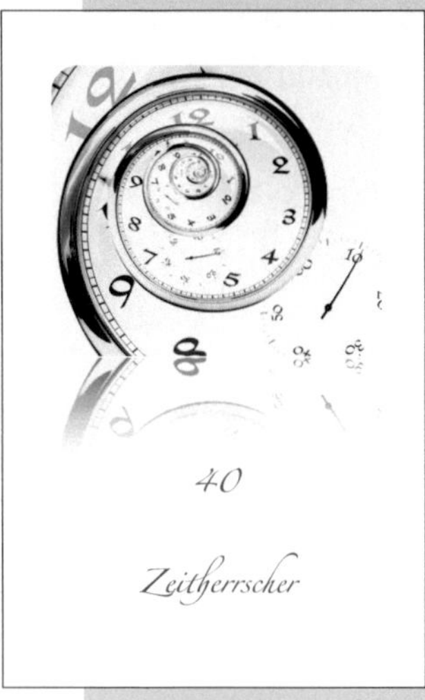

Notieren Sie ein paar Tage lang, wohin Ihre Zeit fließt. Ziehen Sie Bilanz. Wer oder was herrscht über Ihre Lebenszeit? Wenn Sie Ihre Zeit vertreiben, vertreiben Sie Ihr Leben. Tun Sie das? Was zählt, wenn Ihre Lebenszeit ausläuft? Ohne Leben keine Lebenszeit. Lebenszeit und Leben sind also eins. Was ist Ihnen so wichtig, dass Sie Ihr Leben damit verbringen? Warum ist das wichtig? Ihr Leben fließt zusammen mit Ihrer Aufmerksamkeit dahin, wohin Sie es richten. Sind Sie einverstanden mit Ihrer bisherigen Wahl?

Reflexionsfragen:
Sie sind der einzige Besitzer Ihrer Lebenszeit. Machen Sie sich bewusst, dass Sie jede Sekunde Ihres Lebens gestalten. Nutzen Sie Ihre Zeit, um etwas zu verhindern? Um etwas zu gestalten? Was fehlt Ihnen wirklich, wenn Ihnen die Zeit fehlt? Welche Entscheidungen über Ihre Lebenszeit treffen Sie täglich? Gegen was tauschen Sie Ihre Zeit? Gegen Geld? Genuss? Konsum? Wer keine eigenen Ziele hat, in die er seine Zeit investieren kann, wird leicht von anderen vor den Karren gespannt. Wessen Karren ziehen Sie und warum tun Sie das? Werden Umsatzziele für Sie festgelegt, denen Sie dann nachjagen müssen? Was gibt Ihnen die Person für Ihre Lebens-Zeit? Wem überlassen Sie das Recht auf Ihre Zeit? Beobachten Sie Ihren Umgang mit der Zeit. Beschäftigen Sie sich damit, dass „Zeitmanagement“ eigentlich „Lebensmanagement“ ist. Denken Sie über das Zeitphänomen nach und korrigieren Sie gegebenenfalls Ihre bisherige Ausrichtung. Notieren Sie Ihre Gedanken dazu.

41. Heilung

Praxisübung:

Üben Sie, Ihr eigener Schamane zu sein*. Wenn Sie krank sind, übersetzen Sie Ihre Diagnose in zwei Fragen. Erstens, was fehlt mir und was habe ich zweitens zu viel?
Ein Tier, das Ihnen begegnet, stellt immer das symbolisch dar, was Ihnen gerade fehlt. Deswegen ist es Ihre „Medizin". Welche Medizin ist Ihnen heute schon begegnet und was symbolisiert dieses Tier für Sie?

Reflexionsfragen:
Im Schamanismus der nordamerikanischen Indianer hat jedes Tier eine eigene Bedeutung. Beobachten Sie, welche Tiere Ihnen begegnen und machen Sie sich Gedanken über sie. Gibt es da den treuen Hund oder die freiheitsliebende und verschmuste Katze? Will Ihnen die fleißige Biene etwas sagen oder das vergessliche Eichhörnchen, dem wir ganze Nusswälder verdanken, weil es vergisst, wo es seine leckere Beute verbuddelt hat? Lassen Sie sich auf die Kommunikation mit der Natur ein und lernen Sie die Synchronizitäten verstehen. Lassen Sie sich auf die Vorstellung ein, dass Sie von einer intelligenten Natur umgeben sind, die es gut mit Ihnen meint. Vielleicht haben Sie die ein oder andere faszinierende Begegnung mit Tieren, die Sie nie erwartet hätten. Wenn Ihre Füsse den Boden berühren, dann sind Sie mit Mutter Erde in Kontakt. Machen Sie nicht den Fehler, Mutter Erde als schwaches Wesen misszuverstehen, das von Ihnen gemartert wird. Erkennen Sie lieber ihre Macht an. Nur dann kann sie Ihnen völlig neue Erkenntnisse offenbaren. Wenn Sie das geübt haben, dann werden Sie wissen, was echte Heilung ist. Sie findet immer da statt, wo Sie das loslassen, was überkommen ist und das integrieren, was bisher gefehlt hat. Versuchen Sie nicht, Heilung

zu erzwingen. Denken Sie daran, wie es ist, sich das Knie aufzuschlagen. Die Heilung findet von alleine statt. Blockieren können Sie diesen machtvollen Mechanismus nur mit Ihrem festen, unverrückbaren Glauben an die Unheilbarkeit. Lernen Sie, sich wieder auf diesen Mechanismus zu verlassen.

* Mit der Soulfit CD „Die Schamanenreise“ können Sie in die Welt der Schamanen reisen und sich auf dieses Thema vorbereiten. Begeben Sie sich mit dem Schamanen auf die Reise zwischen den Welten.

42. Verantwortung

Visualisierungsübung:

Stellen Sie sich Ihr Leben als Schiff vor. Was für ein Schiff ist es? Ein Jolle, eine Yacht, eine Windjammer, ein Luxusdampfer? Wer steht am Steuer Ihres Lebensschiffs? Wissen Sie, wohin die Reise geht? Wer ist Ihr Navigator, wer Ihre Mannschaft und welche Ausrüstung haben Sie an Bord?

Reflexionsfragen:

Das Steuer übernehmen bedeutet, vollkommene Verantwortung für das eigene Leben, für den Umgang mit Schicksal und für das Suchen und Finden der ureigenen Antworten. Nicht der Chef, nicht die Eltern, nicht die Regierung, sondern Sie selbst sind der Kapitän. Aufgeben und resignieren gilt nicht. Es gibt immer einen Weg, immer eine Lösung.

Welche Führungsstile kennen Sie? Was macht Ihrer Meinung nach eine gute Führungsperson aus? Können Sie das, was Sie von anderen Führungskräften erwarten, selbst umsetzen? Was macht der Begriff „Führer“ mit Ihnen? Gelingt Ihnen Führung oder denken Sie manchmal heimlich drüber nach, dass sich lieber andere die Finger verbrennen sollen? Nach welchen Leitlinien führen Sie sich, Ihr Leben, andere? Was tun Sie, wenn andere nicht kooperieren oder anderer Meinung sind? Visualisieren Sie eine innere Parlamentssitzung. Wer hat in Ihrem inneren Parlament den Vorsitz? Wer redet alles mit und wer ist die Opposition? Protokollieren Sie die Sitzung. Notieren Sie Ihre Eindrücke zum Thema Verantwortung und Führung in Ihrem Tagebuch. Leinen los und denn man tau.

43. Couch

Visualisierungsübung:

Was zeichnet Ihrer Meinung nach einen guten Berater aus? Wann vertrauen Sie sich jemandem an und auf welche Merkmale achten Sie? Jeder König hat seine Berater, jeder Minister seine Staatssekretäre, jeder Sportler seinen Coach. Wen wählen Sie, um Ihre blinden Flecken und Blockaden zu bearbeiten? Woran orientieren Sie sich?

Reflexionsfragen:
Lassen Sie sich in die Karten schauen, um sich wertvollen Rat von einem außenstehenden Dritten zu holen? Welche Verbesserungen Ihres Lebens haben Sie so schon erreicht? Wenn nein, notieren Sie für sich: was sind Ihre Befürchtungen, wenn Sie sich einem anderen Menschen anvertrauen? Was könnte da schief gehen? Was könnte der Fremde in Ihnen erkennen, was Sie unter allen Umständen verbergen wollen? Was könnte Gutes passieren? Wie stehen Sie zum Blick auf sich selbst? Glauben Sie, dass Sie selbst ein spannendes Abenteuer sein könnten? Wenn nein, warum nicht?
Natürlich bringt es Sie weiter, wenn Sie über sich nachdenken und dieses Spiel durcharbeiten. Doch um blinde Flecken aufzulösen, braucht jeder Mensch einen anderen, der freundliches Feedback gibt. Manchmal brauchen wir das Verständnis von anderen, um uns selbst verstehen zu lernen. Notieren Sie sich, was Sie von jemandem brauchen und im tiefsten Inneren erhoffen würden, um sich anvertrauen zu können.

44. Talent

Reflexionsübung:

„Denk nicht drüber nach, was der Staat für dich tun kann, denk drüber nach, was du für den Staat tun kannst.“ (John F. Kennedy) Lassen Sie das Zitat auf sich wirken. Was löst es aus? Seien Sie „der Staat“ und betrachten Sie sich aus dieser Perspektive. Was würden Sie sich als Staat von sich wünschen? Welche Gabe wurde Ihnen in die Wiege gelegt, damit Sie sie der Welt geben können? Was haben Sie bisher getan und was planen Sie, um diese den anderen Menschen zur Verfügung zu stellen?

Reflexionsfragen:

Vernetzen, vermitteln, lehren, organisieren, putzen, verkaufen, Zahlen und §§ verstehen und richtig anwenden, Steuern erklären - es gibt unendlich viele Talente, die im Gesamten benötigt werden. Nicht immer sind sie künstlerischer Natur. Wir brauchen auch Ordnung im Leben. Was hält Sie davon ab, eine Fortbildung zu machen? Sind Sie stringent, wenn es darum geht, die eigenen Ressourcen zu heben? Sind Sie es sich wert? Fühlen Sie sich der Welt so verpflichtet, dass Sie Ihre eigenen Begrenzungen überwinden, um das aus sich heraus zu holen, was an großen Schätzen in Ihnen verborgen liegt? Halten Sie die Welt für wertvoll genug, um ihr zu geben, was Sie haben? Was müsste passieren, damit die Welt es Ihnen wert ist?

Holen Sie sich ein Feedback zu der Frage, in was andere Sie für talentiert halten. Schreiben Sie auf, was das ist.

45. Konzentration

Konzentrationsübung:

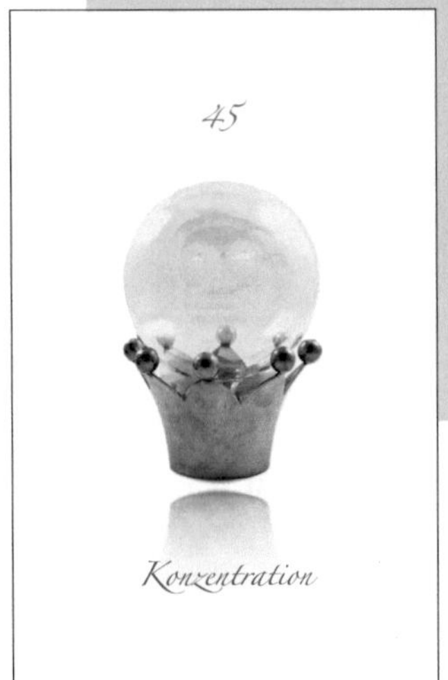

Nehmen Sie eine wirkliche Kristallkugel oder benutzen die Karte aus dem Lotusspiel. Stellen Sie sich in den nächsten Tagen täglich eine Stoppuhr auf 5 Minuten, konzentrieren Sie sich auf die Kristallkugel und bleiben Sie für die gesamte Zeit fokussiert. Nichts ist wichtig, außer dieser Kugel!

Weitere Betrachtung:
Die Kristallkugel-Übung ist ganz einfach. Eigentlich!
Vielleicht möchte ja etwas in der Kugel erscheinen. Vielleicht möchte Ihr Unterbewusstsein auch nur einfach mal Ruhe haben. Ein Einfall ist etwas, was einem von oben in den Kopf fällt. Wie soll das gehen, wenn Sie permanent in der Gegend herum wetzen? Kein Wunder, wenn „das Oben“ nicht trifft, bei der Hektik. Wer weiß, wie viele Einfälle schon knapp neben Ihnen ungespitzt in den Boden eingeschlagen sind :-). Atmen Sie ganz entspannt weiter. Selbst, wenn die Kristallkugel Ihnen plötzlich und unvermittelt eine Wahrheit oder sogar Bilder offenbart.
Wenn Ihre Seele Sie nicht erschrecken will, zeigt sie Ihnen vielleicht in Form von Träumen, was sie Ihnen sagen will. Dann liegen Sie wenigstens schon ;-). Schreiben Sie auf, wie es Ihnen mit der Übung geht und was Sie in der Kugel entdeckt haben. Mehr nicht ;-).

46. Zeremonie

Praxisübung:

Suchen Sie sich eine Alltagshandlung aus, die Sie regelmässig verrichten. Das Zubereiten einer Kanne Tee, das Kochen eines Gerichtes oder auch ein Reinigungsvorgang. Die Fortgeschrittenen, die schon Demut geübt haben, können sogar etwas wie WC-Putzen nutzen. Verwandeln Sie diese einfache Handlung in eine Geste, mit der Sie das Leben zelebrieren. Nehmen Sie vorher eine Dusche, ziehen sich festlich an und stellen Blumen auf. Dann stellen Sie Ihre Wahrnehmung auf die bevorstehende Tätigkeit ein. Wie fühlt sich der Putzlappen an? Wie riecht das Putzmittel? Ist das chemische das Richtige oder möchten Sie lieber etwas Natürliches nehmen? Passt alles, zu dem, was Sie tun möchten? Hat das Wasser die richtige Temperatur? Läuft im Hintergrund Musik?
Begehen Sie nun jede einzelne Bewegung in vollem Bewusstsein.

Reflexionsfragen:
Was wäre, wenn das Putztuch ebenso ein Bewusstsein hätte, wie das Waschbecken, dass Sie soeben reinigen? Was wäre, wenn alles, was Sie umgibt aus Bewusstsein bestünde? Die Pflanzen, das Haus, die Gegenstände und die Tiere? Was, wenn das, was Sie umgibt, darauf wartet, dass Sie Kontakt machen? Was würden Sie sagen? Welche Gedanken geben Sie dem Sie umgebenden Bewusstsein? Wenn es Heinzelmännchen gibt, dann finden Sie sie nur über diesen Weg. Lassen Sie Alltagshandlungen mit Achtung und Aufmerksamkeit zu einer Zeremonie werden. So wird jeder einzelne Moment Ihres Lebens zu einem kostbaren Erlebnis. Schreiben Sie einen Festbericht in Ihr Tagebuch.

47. Inneres Kind

Visualisierungsübung:

Stellen Sie sich vor, dass das Kind, das Sie einmal waren, in dem Zimmer herum läuft, in dem Sie sich gerade befinden. Sie sind also jetzt zu zweit. Sie als erwachsener Mensch und der kleine Mensch aus der Vergangenheit. Wie verhält sich das Kind? Ist es zutraulich? Stellen Sie sich vor, dass Sie das Kind neben sich Platz nehmen lassen und hören Sie ihm zu. Was erzählt es? Über Mama und Papa oder die Geschwister, vielleicht über den Kindergarten oder die Schule? Fragen Sie, wie es ihm geht, was sein Lieblingsspielzeug ist. Zeigt Ihnen das Kind sein Lieblingsspielzeug? Was ist sein Stofftier und was tröstet es abends im Bett? Was ist sein Lieblingsmärchen? Schreiben Sie auf, was ihm wichtig ist. Was sind die wesentlichen Szenen aus seinem Lieblingsmärchen?

Reflexionsfragen:
Betrachten Sie die Beziehung zwischen Ihnen und Ihrem inneren Kind. Gibt es da Vertrauen und Freundlichkeit oder behandeln Sie Ihr inneres Kind so, wie früher lieblose Bezugspersonen mit Ihnen umgegangen sind? Gibt es Unterschiede, je nachdem in welchem Alter Sie Ihrem inneren Kind begegnen? Dem Baby, dem Kleinkind, dem Schulkind oder dem Pubertären Jugendlichen? Schreiben Sie drei Begriffe auf, die das Kind, das Sie einmal waren, auszeichnet. Ist es schüchtern, aufgeweckt, flink, geschickt, traurig? Übernehmen Sie jetzt die Erziehungsverantwortung für dieses Kind. Lernen Sie das Kind in Ihnen kennen. Drucken Sie einige Bilder von Spielsachen aus, die dieses Kind erfreuen würden und kleben Sie sie in Ihr Tagebuch.

48. Märchen

Visualisierungsübung:

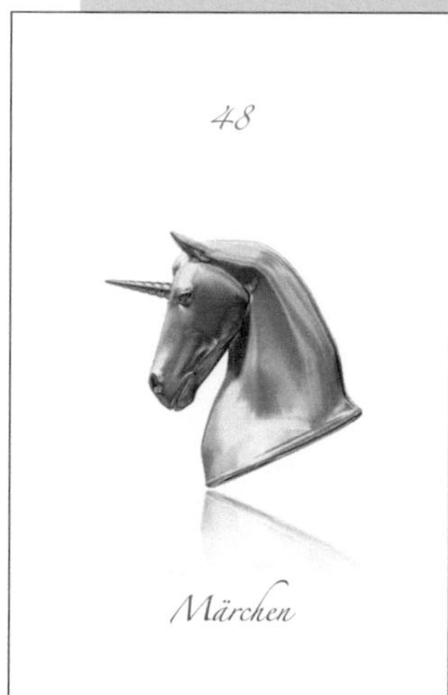

Schließen Sie die Augen und imaginieren Sie ein fremdes Wesen. Beschreiben Sie dieses Wesen in Ihrem Tagebuch. Welche Farbe hat es? Wie sieht es aus? Riecht es nach etwas Besonderem? Wie läuft es? Oder fliegt es? Wie reagiert das Wesen, wenn es Ihnen begegnet? Und wie reagieren Sie, wenn es plötzlich bei Ihnen im Wohnzimmer steht? Was sind die Besonderheiten an diesem Wesen? Fragen Sie das Wesen nach seinem Namen. Wie lautet er? Ist es eher eine Nervsocke oder ein Clown, ein ernstes Wesen oder sogar traurig? Ist es alleine oder gibt es noch andere Wesen seiner Sorte? Gibt es etwas Besonderes, was dieses Wesen kann? Spricht das Wesen Ihre Sprache? Stellen Sie sich vor, Sie machen sich mit dem Wesen auf den Weg. Wohin führt dieser Weg? In die Stadt, in der Sie wohnen oder in eine Phantasiewelt? Was erleben Sie da alles gemeinsam? Treffen Sie auf dem Weg noch andere Wesen - oder Ihre Bekannten? Hören Sie hin. Können Sie die Dialoge hören? Erleben Sie eher eine Komödie oder ein Abenteuer? Vielleicht müssen Sie etwas Besonderes finden? Was könnte das sein und wo suchen Sie? Wie entwickelt sich die Beziehung zwischen Ihnen und dem Wesen unterwegs?

Phantasiearbeit:

Beschäftigen Sie sich ein paar Tage mit diesem Wesen und notieren Sie Ihre Einfälle. Sie können es malen, basteln oder beschreiben. Hauptsache, Sie lassen sich ein wenig von ihm in Ihre Phantasie begleiten. Seien Sie aufmerksam. Es könnte sein, dass Sie dabei eine Menge lernen und zwar nicht nur über Märchen. Nutzen Sie Ihre Träume und integrieren Sie sie in die Geschichten, die Ihnen einfallen. Auch in Ihnen steckt eine prachtvolle Welt der Phantasie, Träume, Farben und Bilder. Öffnen Sie einfach die Türe und treten Sie ein.

49. Hingabe

Übung:

Konzentrieren Sie sich auf ein offenes Feuer und bleiben Sie mit Ihrer Aufmerksamkeit dabei. Wenn Sie kein echtes Feuer haben, dann imaginieren Sie eins. Was empfinden Sie dabei, wenn Sie in das Feuer blicken? Erfassen Sie das Feuer mit allen Sinnen: den Geruch, das Prasseln, das Licht. Spüren Sie nach, wie Ihr Körper im Schein des Feuers reagiert. Was denken Sie? Wonach ist Ihnen? Erweckt das Feuer etwas in Ihnen? Welche Erinnerungen haben Sie, in denen Feuer eine Rolle spielt?

Reflexionsfragen:
Inwiefern kann brennende Leidenschaft gefährlich werden? Trauen Sie sich, sich hinzugeben? Wofür brennen Sie? Sind Sie schon einmal ausgebrannt? Hat man über Sie schon einmal gesagt: „Sie sind verbrannt"?
Denken Sie darüber nach, dass brennende Leidenschaft eine Frau zur Mutter machen kann. Eine der größten Transformationen, die es im Leben gibt. So ist es für eine Frau wesentlich „gefährlicher" sich dem Mann hinzugeben, als umgekehrt. Wie wirkt vor diesem Hintergrund der Spruch „Die Frau sei dem Manne untertan" auf Sie? Eine Frau, die bereit ist, von einem geliebten Mann ein Baby zu empfangen, kann und wird sich hingeben.
Das knisternde Feuer der Erotik kann Ihnen Flügel verleihen. Aber es kann Sie auch an Menschen binden, die Ihnen nicht gut tun. Welche Erfahrungen haben Sie damit? Wie stehen Sie zu der Überlegung, dass Sie sich die Finger verbrennen können, wenn Sie zu unbedarft mit dem Feuer spielen? Ein Grund ihm ganz aus dem Weg zu gehen? Ein gebranntes Kind scheut das

Feuer. Von einem Menschen, der sich vor Sehnsucht verzehrt, bleibt nicht viel übrig. Im Burnout hat der Mensch alles verfeuert, was er an Hingabe hatte. Hingabe in der Partnerschaft bedeutet die Kontrolle aufzugeben und sich auf die Kräfte der Natur einzulassen. In Zeitschriften wimmelt es von Anleitungen zum Orgasmus. So scheint der brennende Wunsch nach Befriedigung weit verbreitet. Doch nur selten liest man von der Bereitschaft zur Hingabe, der größten Voraussetzung für die große Welle. Wie viel Angst haben Sie vor der ganz großen Welle? Kontrollieren Sie Ihre Gefühle und packen Sie sie sicher hinter den Staudamm? Wenn der Damm bricht, mag es sein, dass Sie von den Gefühlen der Liebe überspült werden. Vielleicht drohen Sie darin zu ertrinken. Leidenschaft kann Leiden schaffen. Wagen Sie es, „Emotional Surfing" zu erlernen. Dann freuen Sie sich über große Wellen. ;-)

Bei aller Gestaltung unseres Lebenswerkes, bei aller kühlen Zielorientiertheit wird dennoch eine schicksalhafte Kraft unsere Seele dort wegreißen, wo wir nicht loslassen und uns an Stellen an Land spülen, die wir nicht in unserem Plan berücksichtigt hatten. Wenn es Zeit ist, dass Niedrige ins Höhere zu verwandeln, wird unsere Seele brennen und heller werden.

Stellen Sie sich vor, Sie stehen am Rand eines Abgrundes. Sie wissen, dass da unten Hände sind, die Sie auffangen, aber Sie können sie nicht sehen. Lassen Sie sich in den Abgrund fallen. Üben Sie das vor allem, wenn Sie nachts nicht schlafen können oder wenn Sie vom Fallen träumen. Lernen Sie, vertrauensvoll zu fallen und das Feuer der Hingabe wird sanfter werden, weil es Ihnen keine Angst mehr macht. Es werden Gedanken aufsteigen. Schreiben Sie darüber in Ihrem Tagebuch.

50. Motivation

Übung:

Machen Sie sich bewusst, was Ihre Motivatoren sind. Was brauchen Sie, um sich in Bewegung zu setzen, um sich für ein klares Ja oder Nein zu entscheiden? Nehmen Sie sich Zeit und notieren Sie, was Ihre Beweggründe sind für das, was Sie tun. Was würde Sie motivieren, wenn die Existenz gesichert, Hunger und Durst gestillt und das Dach über dem Kopf finanziert wären?

Reflexionsfragen:
Das Schwert steht für eine scharfe Zunge und für die klare Entscheidung zwischen Ja und Nein. Was soll es sein: Geld, Anerkennung, Liebe? Unterscheiden Sie zwischen dem, was Sie treibt und dem, was Sie motiviert. Nehmen Sie zwei Stühle und nennen Sie den einen „mein Treiber" und den anderen „mein Motivator". Setzen Sie sich abwechselnd auf die Stühle und betrachten Sie aus dieser Perspektive Ihren Alltag und das, was Sie tun. Welche Unterschiede in der Bewertung erkennen Sie aus den beiden Blickwinkeln? Notieren Sie das, was Sie erleben in Ihrem Tagebuch.
Lassen Sie sich Feedback von Vertrauten geben. Wie schätzen diese Ihre Motivation in Bezug auf verschiedene Themen ein? Wen oder was nehmen die anderen als Ihre Motivatoren und Treiber wahr?

51. Dankbarkeit

Alltagsübung:

Trainieren Sie sorgfältig Ihre Fähigkeit, das Gute in Ihrem Leben wahrzunehmen und wertzuschätzen. Entscheiden Sie sich für die Dankbarkeit und geben Sie dem Guten in Ihrem Leben einen Platz in Ihrem Tagebuch.

Reflexionsfragen:
Glauben Sie manchmal, dass alles schlecht ist? Sind Sie selbst der Sonne böse, weil sie einfach weiter scheint, wenn etwas Negatives eingetreten ist? Finden Sie das Leben manchmal so schrecklich, dass Sie es am liebsten wegwerfen würden? Halten Sie sich die Nase zu und für zwei Minuten den Atem an. Wie sieht es jetzt aus? Sind Sie dankbar dafür, wenn Sie wieder Luft bekommen? Dann leben Sie wohl doch ganz gerne.:-)
Was ist da noch, was Sie schmerzlich vermissen würden, wenn es nicht da wäre? Ihr Dach über dem Kopf, die heiße Suppe, Ihr Bett oder Ihre Badewanne. Sie dürfen ruhig brummig sein, während Sie alles in Ihrem Tagebuch notieren, wofür Sie dankbar sind - oder sein sollten. Ihre Gesundheit? Die Treue Ihres Partners? Das Lächeln Ihrer Kinder? Der Duft der Tasse Tee oder Kaffee, die Sie sich gerade eingießen? Dass das Licht angeht, wenn Sie den Schalter betätigen? Dass die Bäume jedes Jahr aufs Neue sprießen? Dass es Bienen gibt, die dafür sorgen, dass Sie Obst essen können? Lamentieren Sie nicht darüber, dass all das morgen nicht mehr da sein könnte. Danken Sie achtsam für das Hier und Jetzt. Werden Sie sich der Dinge bewusst, die für Sie ganz normal sind - ohne die Sie aber wesentlich schlechter dran wären. Nur, was Sie mit Dankbarkeit beantworten, kann sich vermehren und bei Ihnen bleiben.

52. Feng Shui

Rituelles Ausmisten:

Misten Sie Ihren Küchenschrank, den Keller oder den Kleiderschrank aus. Danach klatschen Sie alle Ecken aus, immer schön von unten nach oben und kehren sie dann, rituell oder echt, mit einem kleinen Handbesen aus. Mit einer Klangschale bringen Sie einen neuen Klang in den verstaubten alten Mief in den Ecken. Immer unten anfangen und nach oben fortsetzen. Wenn Sie Räucherstäbchen mögen, dann anschließend alles bei geöffnetem Fenster kräftig ausräuchern. Putzen Sie das Zimmer, inklusive der Fenster und Türen. Wenn Sie Platz dafür haben, stellen Sie grüne Zweige in eine Vase. Beschriften Sie bunte Bänder mit dem, was ab jetzt besser werden soll und befestigen Sie die Bänder an den Zweigen.

Zu weiblich? Zigarre statt Räucherstäbchen und Post-its an der Wand tun es auch. Wichtig ist, was drauf steht. Mann! ;-)

P.S.: Wenn Sie nach einer soeben vollzogenen Trennung so verfahren, werden Sie leichter mit dem Verlust fertig. Auch ein erfolgreicher Jobwechsel kann so angestoßen werden.

Reflexionsfragen:

Was in Ihrem Leben braucht mal wieder frischen Wind? Wenn Verbesserung in die Realität kommen soll, hilft es, bewusst Platz dafür zu schaffen und sich von Überkommenem zu trennen. Atmen Sie die frische Energie tief ein. Schreiben Sie in Ihr Tagebuch, was Ihnen bei der Aktion alles eingefallen ist.

53. Schuld

Entlastungsübung:

Gibt es etwas, woran Sie sich schuldig fühlen? Haben Sie absichtlich herabgewürdigt und gedemütigt? Dann ist es Zeit für Reue, denn Ihre Worte haben zerstört. Gibt es Bereiche in Ihrem Leben, wo Sie einfach weggesehen haben und andere zu Schaden gekommen sind? Auch durch Nicht-Tun und Duldung von Ungerechtigkeit kann man sich schuldig machen. Was ist Zivilcourage in Ihrer Vorstellung? Verweigern Sie Verantwortung, um sich ja nicht schuldig zu machen? Dann suchen Sie vielleicht keine Antworten, wo Sie aber zuständig wären. Formulieren Sie Ihre Schuld auf einem Blatt und übergeben Sie es dem Feuer, damit Sie das nächste Mal auf einer höheren Stufe reagieren können. Bereuen Sie, aber bestrafen Sie sich und andere nicht. Wer Fehler macht, dem fehlt gerade etwas. Finden Sie heraus, was fehlt.

Weitere Betrachtungen:

Wer unschuldig bleiben will, darf nicht erwachsen werden. Doch wer nicht erwachsen wird, macht sich schuldig, weil er seine Verantwortung nicht übernimmt. Wer es wagt, erwachsen zu werden, wird seine Un-Schuld aufgeben müssen. Un-Schuld ist Kindern vorbehalten. Da Sie also so oder so nicht vom Haken kommen, macht es Sinn, sich mit einem konstruktiven Umgang mit Schuld zu befassen. Das ist ein wesentlicher Aspekt menschlicher Reife. Voraussetzung dafür ist, dass Sie sich von Ihrem Bedürfnis verabschieden, sich selbst oder andere zu bestrafen. Geben Sie lieber sich und anderen die Möglichkeit, Dinge wieder gut zu machen. Damit können Sie Schuld in Verantwortung umwandeln. Der Unterschied zwischen Schuld und Verantwortung? Echte Schuld ist bewusste Schadens-Absicht. Verantwortung ist die Bereitschaft, Antworten zu suchen und zu finden. Außerdem gibt es die Unterscheidung zwischen bewusster und unbewusster Schädigung anderer. Wer nicht in Kontakt mit seinem Unbewussten ist, trägt oft das, was er selbst erlitten hat an andere weiter. Deswegen ist die Gefahr, sich schuldig zu machen um so größer, je mehr der Mensch Erkenntnis ablehnt. Gleichzeitig lehnen viele die Erkenntnis ab, weil sie Angst vor der Schuld haben. Hier fangen wir wieder von vorne an. Ein aktiver Umgang mit Schuld hilft.

Oft leiden wir unter Schuld-Gefühlen, die mit echter Schuld nichts zu tun haben. Vielmehr entstehen sie durch Manipulation über Schuldgefühle und Schuldzuweisungen, die eigentlich an eine ganz andere Adresse gehören. Manchmal wird bereits Kindern eine Schuld für Dinge aufgebürdet, die sie zum einen gar nicht tragen können und die zum anderen ihren Ursprung in der Welt der Erwachsenen haben. Wenn Kindern die Verantwortung für das Wohlbefinden der Erwachsenen aufgebürdet wird, können diese mit Schuld-Gefühlen auf elterliche Erkrankungen reagieren. In so einer Situation erleben die Kinder ein einfaches „Nein“ oft irrigerweise als schuldhaft. In unserer Gesellschaft ist es üblich, für jedes Problem einen Schuldigen zu suchen, was dazu führt, dass die sozialen Lernaufgaben gar nicht erkannt werden. Aber zu dem Thema ließe sich ein eigenes Buch schreiben.

Schreiben Sie Ihre Gedanken über Verantwortung, Schuld und Sühne in Ihr Tagebuch. Machen Sie gut, wofür Sie verantwortlich sind. Verzeihen Sie, wo andere ehrlich bereuen. Nehmen Sie Abstand davon, Richter über andere spielen zu wollen und sehen Sie sich und anderen unbeabsichtigte Fehler nach. Denken Sie auch daran, dass Sie nichts wieder gut machen können, was andere verbrochen haben. Lösen Sie Ihre Schuldthemen auf und erlauben Sie der Leichtigkeit in Ihr Leben zurück zu kehren.

54. Trägheit

Entspannungsübung:

Nutzen Sie ein verregnetes Wochenende zu einem Kuschel-Overload. Schlafen, lesen, schlemmen, baden, entspannen, Massagen, Salz- und Natronbäder, Salzölpeelings, Soulfit CDs und heiße Schokolade - von mir aus mit Rum - oder der Genuss eines edlen Jahrgangs. Was immer Sie als Genuss definieren, verwöhnen Sie sich rundherum.

Weitere Betrachtungen:
Wenn Sie nach diesem Wochenende immer noch keinen Impuls haben, die alten Freunde anzurufen, einen Spaziergang oder Sport zu machen, dann gibt es zwei Möglichkeiten: entweder Sie befinden sich in einer Schockstarre und eine Trauma-Therapie zur Auflösung würde helfen oder es ist Zeit für die Auseinandersetzung mit dem inneren Schweinehund.

Nicht alles, was Sie unterlassen, kann man automatisch als Faulheit bezeichnen. Haben Sie in der letzten Zeit genügend Geborgenheit erlebt oder brauchen Sie eine Weile Kuschelkurs ganz für sich alleine? Manchmal genügen zwei oder drei gemütliche Tage, damit sich die alte Energie wieder einstellt und mit ihr die Lust, die Dinge in Angriff zu nehmen.

Wenn das nicht der Fall ist, stellt sich die Frage, was Ihr innerer Schweinehund von Ihnen will. Zeichnen Sie ihn, den Schweinehund, geben Sie ihm einen Namen. Schreiben Sie eine Charakteristik über ihn in Ihr Tagebuch. An was will er Sie hindern und warum? Daran, dass Sie Lebensfreude erleben? Daran, dass Sie sich wohlfühlen? Versetzen Sie sich in seine Lage und betrachten sich selbst aus den Schweinehundaugen. Was fällt Ihnen auf? Was sagt er zu Ihnen den lieben langen Tag und was bräuchte er, um ein wenig kooperativer zu werden? Hat er auch positive Seiten, die Sie sehen und anerkennen sollten? Gehen Sie konstruktiv mit Ihrem Schweinehund um. Führen Sie ihn mal wieder Gassi. Wenigstens um den Block. Das tut ihm gut.

Machen Sie sich bewusst, dass Anstrengung und Durchhaltevermögen zu einem zufriedenen Leben gehören. Wer sich nicht anstrengen mag, degeneriert und gerät früher oder später in schmerzhafte Zustände. Das gilt für körperliche Bereiche ebenso, wie für emotionale und geistige. Dauerhafte Unterforderung und Verharren in der Komfortzone beantwortet unser System mit der sprichwörtlich tödlichen Langeweile. Ein Organismus, der sein Dasein im Standby Modus verbringt, tut sich selbst nichts Gutes und baut ab. Also raus aus den Federn und ran an den Speck. Spazieren oder schwimmen gehen, Sprachen lernen, den Garten auf Vordermann bringen, schwierige Texte lesen, lernen und Probleme angehen, die schon Schimmel angesetzt haben. Am Anfang mag es sein, dass Sie dagegen sind. Aber wenn Sie sich überwunden haben, werden Sie mit einer Zufriedenheit belohnt, die Sie selbst in der Hand haben. Ab jetzt ist Nörgeln verboten und Bewegung erlaubt :-).

55. Geiz

Praxisübung:

„Um Wasser zu schöpfen, muss man die Fäuste öffnen", sagt ein altes chinesisches Sprichwort. Betrachten Sie Ihre Fäuste. Können Sie sie öffnen, damit Sie etwas nehmen können oder halten Sie verkrampft an dem Materiellen fest, was Sie bisher ergattert haben? Ginge die Welt unter, wenn Sie losliessen? Welche Bedeutung hat das, was sie so verkrampft festhalten für Sie? Wer fällt Ihnen spontan ein, der Ihnen etwas weg nehmen wollen würde? Was hat Sie Glauben gemacht, dass Sie materiell zu kurz kommen? Verglichen mit wem kommen Sie zu kurz?

Reflexionsfragen:
Kann es sein, dass einige Ihrer Vorfahren verhungert sind? Denken Sie über die Hungersnöte von 1929 und 1947 nach. Hat Ihre Familienseele die Erfahrung gemacht, dass jemand als Obdachloser unter der Brücke endete?
Was bedeutet es für Sie, nichts zu haben? Was ist Ihre größte Angst?
Vergleichen Sie den „geilen Geiz" mit dem „sexy Erfolg". Erfolg und Geiz passen nicht zusammen, denn das eine stockt und das andere fließt.
Was fällt Ihnen sonst noch dazu ein?

Nehmen Sie eine Seite Ihres Tagebuches, teilen Sie sie in zwei Abschnitte und schreiben Sie in die eine Spalte „Geld" und in die andere Seite „Liebe". Dann ordnen Sie alle Begriffe zu, die Ihnen zu Geld, und alle Begriffe, die Ihnen zu Liebe einfallen. Vergleichen Sie die beiden Seiten. Was gibt Ihnen das Geld, das Sie so verzweifelt fest halten? Brauchen Sie Geld, um attraktiv zu sein? Um keine Angst haben zu müssen? Um unabhängig zu sein? Was ist es, vor dessen Verlust Sie sich fürchten? Was brauchen Sie wirklich?

Was denken Sie über Geld? Wenn Sie selbst Geld wären, würden Sie im Überfluss zu Ihnen hin fließen? Wie wäre es, wenn Sie sich sicher sein könnten, dass Ihnen immer genug zufließt, egal, wie viel Sie geben? Betrachten Sie sich selbst aus den Augen des Geldes. Mögen Sie sich? Sind Sie es wert? Wie ist das mit Ihren Freunden und dem berühmten Freundschaftspreis? Wie viel mehr zahlen Sie einem Freund, weil Sie möchten, dass es ihm gut geht?

Fragen Sie sich, was Sie wirklich brauchen, um dem Mangeldenken zu entkommen. Lesen Sie das Buch „Haben oder Sein“ von Erich Fromm und befassen Sie sich damit. Wenn Ihnen der Überfluss nicht zufliegt, mag es daran liegen, dass Sie als moderner Homo Oeconomicus den Mangel kultivieren müssen, um die Wirtschaft anzukurbeln.

Entkalken Sie Ihren Duschkopf. Wenn das Wasser wieder lebendig sprudelt, öffnen Sie die Fäuste. Horchen Sie hin. Es könnte sein, dass das Wasser Ihnen eine Geschichte erzählt: die Geschichte des Millionen Jahre alten Lebens auf dieser Erde. Es war immer dabei. Es ist in Ihnen. Es ist im Meer und in den Wolken, verschwindet in geheimnisvollen Tiefen, von denen niemand weiß, was dort geschieht, um dann gereinigt wieder an die Oberfläche zu steigen. Es kreist in einem geheimen Kreislauf bis in alle Ewigkeit.

Nach einer Weile werden Sie schmunzeln, weil Sie erkennen, wie unzulänglich die Gesetze der Ökonomie sind. Arbeiten Sie mit dem Satz „es ist immer alles im Überfluss vorhanden“ und trauen Sie sich, wieder zu vertrauen. Mutter Erde hat genug für Sie, auch wenn sich Ihre richtige Mutter vielleicht mit Nachschub schwer getan hat. :-)

56. Missgunst

Übung:

Versetzen Sie sich in die Lage von jemandem, dem Sie den Erfolg missgönnen. Was macht dieser Mensch anders als Sie? Wie geht er mit anderen um, wie ist er zu dem gekommen, um das Sie ihn beneiden? Wie verbringt diese andere Person Ihren Tag? Wie genau geht das, was derjenige tut? Wie würde es Ihnen gehen, wenn Sie täten, was diese Person tut? Machen Sie sich ein Bild von jemandem, auf dessen Erfolg Sie wirklich neidisch sind.

Reflexionsfragen:

Spüren Sie Lust dabei, sein Lebenswerk zu zerstören? Dann ist es gut möglich, dass Sie einem Verliererskript unterliegen. Verlierer sind erfolgreich darin, anderen die Tour zu vermasseln. Das ist jedoch nicht der Weg zum eigenen Glück. Befassen Sie sich mit der Gefahr der Missgunst und reflektieren Sie Ihre eigenen Schwachstellen. Vergleichen Sie sich oft mit anderen? Wer sind „die anderen“? Sind „die anderen“ alle gleich? Alle acht Milliarden? Stellen Sie das, was Sie haben dem gegenüber, was andere Ihrer Meinung nach haben.

Befassen Sie sich mit dem Thema Lebensskript. Ein Gewinner gewinnt andere für sich und zwar durch gewinnendes Verhalten. Ist Ihr Verhalten gewinnend? Das, was die anderen haben, muss nicht zwangsläufig das sein, was Ihnen fehlt. Was ist der Vorteil Ihrer Situation im Vergleich mit der Situation derjenigen, die Sie beneiden? Welche Entscheidungen haben Sie in Ihrem Leben getroffen, die Sie an genau die Stelle gebracht haben, an der Sie heute stehen? Ziehen Sie Bilanz. Alles, was Sie erleben sind die Folgen Ihrer bisherigen Entscheidungen. Was haben Sie entschieden? Können Sie entscheiden, dass heute der erste Tag Ihres zukünftigen besseren Lebens ist?

Übrigens: Manchmal ist es noch viel einfacher. Fragen Sie einfach diejenigen, die Sie beneiden, wie sie es geschafft haben, diese Ziele zu erreichen. Merke: Wenn es Gewinner sind, erklären Sie Ihnen gerne, wie das geht. Sie teilen ihre Informationen gerne. Vergessen Sie dann nicht, alles zu notieren und sich zu bedanken.

57. Hass

Übung:

Konzentrieren Sie sich auf den folgenden Satz: „Hass und Liebe sind Hörner ein und desselben Bullen“. Notieren Sie sich, was Ihnen dazu einfällt. Hass bindet stärker, als Liebe. Ein Mensch, mit dem Sie im Hass verbunden sind, beschäftigt Sie Tag und Nacht. Der Wunsch, denjenigen zu bestrafen oder Rache zu üben, verhärtet die Fronten. Ihre gesamte Aufmerksamkeit und damit Ihre wertvolle kreative Lebenskraft werden für Negatives verbraucht. Im Hass können Sie nicht fruchtbar sein. Schreiben Sie auf, was Sie Ihrem Hassobjekt vorwerfen. Geben Sie Ihrer Wut in einem geschützten Raum Ausdruck. Engagieren Sie einen Coach für die Wutarbeit. Hass will vernichten. Doch darunter liegt ein tiefer Schmerz, der zeigt, dass Ihre Seele noch nicht verstanden wurde.

Reflexionsfragen:
Was ändert sich in Ihrem Leben, wenn Sie sich, anstatt dem Hassobjekt, freundlich Ihrem Lebenswerk zuwenden? Woran hat Ihr Hassobjekt Sie bisher gehindert? Welche Macht geben Sie dem Hassobjekt über Ihr Leben? Welcher tiefere Konflikt steckt hinter der Hassbindung? Testen Sie den Satz: „Ich hätte dich so gern geliebt.“ Was fühlen Sie? Überlegen Sie, ob Sie das, was Sie aussenden auch gerne erhalten wollen. Bedenken Sie: Es ist selten, dass man Möhren ernten kann, wenn man Kartoffeln gesät hat.
Was könnten Sie tun, anstatt zu hassen? Gibt es vielleicht etwas Besseres? Suchen Sie danach, denn Hass macht hässlich und versalzt Ihr Leben. Schicken Sie Licht und machen Sie die Emotionastics-Übung von der „Sturmsegler CD“, dann wird das Leben wieder heller.

58. Eitler Hochmut

Explorationsübung:

Legen Sie einen Zettel auf den Boden, mit der Aufschrift „Hochmut“ und einen anderen mit der Aufschrift „Demut“. Was fällt Ihnen dazu ein? Kennen Sie das Gefühl, gedemütigt zu werden? Von welchem der beiden Werte waren Ihre Erziehungsberechtigten motiviert?
„Spieglein, Spieglein an der Wand...“. Wie wichtig sind Äußerlichkeiten für Sie? Denken Sie über ein hübsches Geschenkpäckchen nach, das leer ist, wenn Sie es öffnen. Können Sie den gedanklichen Bogen zur Eitelkeit schlagen? Manche Menschen werden als Kind immer wieder mit anderen verglichen. Trotz des Schmerzes tun manche das als Erwachsene immer noch. Was fällt Ihnen dazu ein?

Reflexionsfragen:
Glauben Sie, dass nur perfekte Menschen geliebt werden? Angenommen, Sie selbst hätten Schwächen - welche Konsequenzen hätte das für Sie? Welche am Arbeitsplatz, welche privat und im Umfeld? Beschreiben Sie sich selbst in einer Gegenüberstellung. Gibt es Dinge, über die Sie meilenweit erhaben sind? Woher haben Sie Ihre Werte? Sind es Ihre eigenen oder sind es die, die Sie von Ihrem Familiensystem übernommen haben? Was ist „Mensch-Sein“ in Ihrer Vorstellung? Was bedeutet Würde in Ihren Augen und was muss ein Mensch tun, damit Sie seine Würde achten? Manche Menschen sitzen auf einem hohen Ross, weil sie sich nicht mehr runter trauen. Kennen Sie das? Denken Sie über die Anmut der Verneigung nach. Notieren Sie Ihre Gedanken in Ihrem Tagebuch.

59. Habgier

Perspektivwechsel:

Versetzen Sie sich in die Lage eines Parasiten. Sie nehmen und geben nur Ihren Stoffwechselabfall ins System zurück. Es gibt keine Grenze, kein Nachdenken über eventuelle Konsequenzen. Bedürfnisse der anderen sind nicht Ihr Problem. Bleiben Sie für mindestens 30 Minuten in dieser Position. Schreiben Sie auf, was Ihnen dazu einfällt.

Stellen Sie sich dann vor, dass sich alles, was Sie berühren in das verwandelt, wonach Sie gieren. Alle Gegenstände, alle Nahrungsmittel, Ihre Freunde und Verwandten. Alles verwandelt sich durch Ihre Berührung. Stellen Sie sich vor, Sie sind ausschließlich von dem umgeben, was Sie haben wollen. Wie geht es Ihnen damit?

Reflexionsfragen:

„Nichts genügt demjenigen, dem das, was genügt, zu wenig ist“ (Epikur). Da, wo das Nehmen in einer Einbahnstrasse verläuft, hört das Leben auf. Versuchen Sie, so lange Sie können, ausschließlich einzuatmen. Spüren Sie die Übersättigung? Kennen Sie das Gefühl von „satt sein“? Welches Symbol würden Sie dafür wählen? Zeichnen Sie das Symbol auf einen Zettel und halten Sie ihn in Ihren Händen. Was fällt Ihnen dazu ein?

Untersuchen Sie auch das Gefühl, das hinter dem „mehr haben wollen“ steckt. Vergleichen Sie sich mit anderen, die scheinbar mehr haben, als Sie? Suchen Sie nach einer Lösung, Ihre Unzufriedenheit zu überwinden? Dann sind Sie in der falschen Richtung unterwegs. Nichts macht unzufriedener als dauerhaftes Sattsein, niemand ist unglücklicher als der Verwöhnte, niemand schläft ungemütlicher als die Prinzessin, die jede Erbse spürt. Verwöhnung ist Terror. Geben Sie auch der Verwöhnung ein Symbol, das Sie auf einen Zettel zeichnen. Halten Sie auch diesen in der Hand und vergleichen Sie die Wirkung der beiden Symbole in Ihren Händen. Vergleichen Sie die Symbole „satt sein“ und „Verwöhnung“ miteinander und schreiben Sie Ihre Wahrnehmungen auf.

Untersuchen Sie auch das Wort „Selbstbeherrschung“ und „freiwilliger Verzicht“. „Die Welt hat genug für jedermanns Bedürfnisse, aber nicht für jedermanns Gier“ (Mahatma Gandhi).

Überlegen Sie, ob Sie sich als gebender Mensch parasitären Strukturen ausgeliefert fühlen. Wenn dem so ist, dann unterstellen Sie Ihrem Unbewussten, dass es seine Gründe hat. Nehmen Sie zwei Stühle und nennen Sie den einen „der Herrscher“ und den anderen „der Diener“ und testen Sie die beiden Positionen. Vielleicht ist der Herrscher von seinem Diener weit abhängiger, als umgekehrt. :-)

60. Rote Schuhe

Lassen Sie folgendes Märchen auf sich wirken:

Gegen den Willen seiner gütigen Großmutter kauft sich ein Mädchen wunderschöne rote Schuhe und trägt sie heimlich beim Tanzen. Sie tanzt leichtfüssig und besser als je zuvor. Sie liebt die Schuhe, will sie immer und immer wieder tragen und immer und immer tanzen. Die Schuhe tun ihr den Gefallen und sie tanzen mit dem Mädchen. Dann kommt der Tag, an dem das Mädchen die Schuhe nicht mehr ausziehen kann. Die Schuhe tanzen und tanzen. Aus dem Haus, die Straße hinunter und aus der Stadt hinaus. Das Mädchen hat gar keine Lust mehr zu tanzen, doch sie kann nicht aufhören. So tanzt es sie Tag und Nacht, Woche um Woche, durch das Land und aus dem Land hinaus. Sie ist schon vollkommen erschöpft und verzweifelt. Eines Tages tanzt sie an einer guten Fee vorbei. Diese fängt sie ein. Sie sperrt sie in den Hühnerstall, reißt ihr die roten Schuhe von den Füssen und ersetzt diese durch Steinschuhe. Das Mädchen bricht zusammen und ist lange krank. Ihre Füsse versuchen weiter zu tanzen, doch die Steinschuhe verletzen ihre Füsse. Nach einer Weile beruhigen sich die Füsse und sie erholt sich. Sie wird nie wieder so leichtfüssig sein, wie mit den roten Schuhen. Aber die Steinschuhe trainieren ihre Beine. So geht sie ihren Weg langsam und achtsam, Schritt für Schritt und hält sich von roten Schuhen fern.

Reflexionsfragen:

Schreiben Sie das Wort „Entzug“ in Ihr Tagebuch und beschäftigen Sie sich damit. Vergnügungssucht, Konsumsucht, Fernsehsucht, Sexsucht. Alle stofflichen und nichtstofflichen Süchte beginnen mit dem Wunsch nach der

Leichtigkeit des Seins. Das an sich ist nichts Schlimmes. Aber wo der Kick zu leicht zu beschaffen und Anstrengung verpönt ist, ist die Sucht nicht weit. Abgesehen davon ist Sucht wie ein Korsett, das Halt vermittelt. Denken Sie über das Wort „Haltlosigkeit" nach und fragen Sie sich, welche Form von Halt Sie wirklich brauchen?

Egal ob Sie ein Mann oder eine Frau sind: Stellen Sie sich vor, Sie sind die gute Fee. Wie fühlt es sich an, das Mädchen am Tanzen zu hindern, es einzusperren und ihm Steinschuhe anzuziehen? Wie würden Sie ihm erklären, warum Sie das tun und wann greifen Sie ein?

Betrachten Sie sich selbst aus den Augen der guten Fee. Was könnten Ihre roten Schuhe sein? Was ist mit der Fee? Warum trägt sie keine roten Schuhe ? Woher weiß sie, was zu tun ist?

Welcher Bezug zu höheren Werten und Kräften könnte Ihnen behilflich sein, wenn Sie sich im Suchtgestrüpp verheddert haben? Wem oder was fühlen Sie sich ausgeliefert?

Stehen Sie in Verbindung mit (anderen) Sucht-kranken Menschen? Inwieweit halten diese Beziehungen Sie von der Verwirklichung Ihres Lebenswerkes ab? Geben Sie Ihrem Dasein einen tieferen Sinn. Warum und wozu sind Sie in diesem Leben? Wofür lohnt es sich, jeden Tag aufzustehen? Finden Sie heraus, was Sie an diese Erde bindet und was Ihnen die spirituelle Leichtigkeit geben kann, diesen irdischen Weg gut zu gehen. Können Sie mit der Freiheit umgehen, die Ihnen die Unabhängigkeit von der Sucht gibt? Beschäftigen Sie sich mit der Gravitation und der Fliehkraft. Notieren Sie alles in Ihrem Freund, dem Tagebuch.

Weiterführende Literatur & Tipps

Die Themen, die in der „Lotuszeit“ bearbeitet werden, beinhalten noch viel mehr Information, als hier gegeben werden kann. Deswegen habe ich zu jeder Karte weiterführende Literatur für Sie heraus gesucht:

1. Mesotriarchat: Pincola, Estés, Clarissa: Die Wolfsfrau, 1997
2. Herkunftssystem: Ulsamer, Bertold: Ohne Wurzeln keine Flügel, 1999
3. Zeugung: Chamberlain, David: Woran Babys sich erinnern, 2010
4. Schwangerschaft: Wiegand, Tina: Soulfit CD„Das Ur-Väterliche“, 2012
5. Geburt: Wiegand, Tina: Soulfit-CD „Das Ur-Mütterliche“, 2012
6. Eigendrehung: Riemann, Fritz: Grundformen der Angst, 1991
7. Drehung um andere: Riemann, Fritz: Grundformen der Angst, 1991
8. Gravitation: Riemann, Fritz: Grundformen der Angst, 1991
9. Fliehkraft: Riemann, Fritz: Grundformen der Angst, 1991
10. Schule: Stern, André: Ich war nie in der Schule, 2013
11. Pubertät: Caspers, Ralph: Du bist kein Werwolf: Eine Gebrauchsanweisung für die Pubertät, 2011
12. Normalität: Schnocks, Dieter: Mit C. G. Jung sich selbst verstehen: Acht Erkenntnisaufgaben auf unserem Individuationsweg, 2013
13. Tafelritter: von Eschenbach, Wolfram: Parcival, 1980
14. König Artus: Lechner, Auguste: König Artus, 2010
15. Merlin: Chopra, Deepak: Der Weg des Zauberers: 20 Schritte, um im Leben das zu erreichen was man will, 1997
16. Spiritueller Lehrer: Walsch, Neale Donald: Gespräche mit Gott, 2009
17. Lotuszeit: Wiegand, Tina: Lehrbuch Wiegandscher Lotus, (erscheint demnächst)
18. Alter Narr: Barheine, Andrea: Pflegefall(e), 2011
19. Tyrann: Prekop, Jirina: Der kleine Tyrann, 2013
20. Raubritter: Maaz, Hans-Joachim Der Lilith-Komplex: Die dunklen Seiten der Mütterlichkeit, 2005
21. Liebe: Fromm, Erich: Die Kunst des Liebens, 1980

22. Hörigkeit: Norwood, Robin: Wenn Frauen zu sehr lieben, 1991
23. Luxus: Marguier, Alexander: Das Luxuslexikon - Das Beste, was für Geld zu haben ist, 2011
24. Voodoo: Schmid, Gary Bruno: Tod durch Vorstellungskraft, 2000
25. Affenzirkus: Braiker, Harriet: Giftige Beziehungen: Wenn andere uns krank machen, 2001
26. Verirrungen: Miller, Alice: Drama des begabten Kindes, 1979
27. Müllseiten: Einfach einen Recycling Block kaufen;-)
28. Hemmnisse: Detlevsen, Thorwald: Schicksal als Chance, 1980
29. Magie: Millman, Dan: Der Pfad des friedvollen Kriegers, 2013
30. Der Spiegel: Bauer, Joachim: Warum ich fühle, was du fühlst: Intuitive Kommunikation und das Geheimnis der Spiegelneurone, 2006
31. Kreativität: Hust, Tanja: Kreativtage, München, www.soulfit-factory.org
32. Bildung: Goernitz, Thomas und Görnitz, Brigitte: Die Evolution des Geistigen, 2008
33. Flow: Csikszentmihalyi, Mihaly und Stopfel, Ulrike: Flow im Beruf. Das Geheimnis des Glücks am Arbeitsplatz. Klett-Cotta, 2014
34. Handschrift: Lux, Andreas: Neue Wege zur Kalligraphie: Eine Schrift - 1000 Variationen, 2011
35. Einfluss: Meinold, Werner: Das kleine Handbuch der Hypnose, 2013
36. Transformation: Wiegand, Tina: Soulfit CD „Das Leben vor der Geburt“, 2012
37. Instinktnatur: Wiegand Tina: Soulfit CD „Die Schamanenreise“, 2013
38. Intuition: Redfield, James und Kraemer, Olaf: Die Prophezeiungen von Celestine, 2004
39. Staunen: Hemenway, Priya: Der geheime Code, 2013
40. Zeitherrscher: Zeit: Klein, Stefan: Der Stoff, aus dem das Leben ist. Eine Gebrauchsanleitung, 2008
41. Heilung: Sams, Jamie und Carson, David: Karten der Kraft, 2010
42. Verantwortung: Blanchard, Kenneth und Zigarmi, Patricia: Der Minuten-Manager, 2015
43. Couch: Rolón, Gabriel: Auf der Couch, 2014

44. Talent: Cameron, Julia: Der Weg des Künstlers, 2009
45. Konzentration: Wiegand, Tina: Soulfit CD Harmony - Drei Stufen zur Gelassenheit, 2012
46. Zeremonie: Wilker, Jessica: Das Einmaleins der Achtsamkeit, 2010
47. Das Innere Kind: Chopich, Erika J und Paul, Margaret: Aussöhnung mit dem inneren Kind, 2009
48. Märchen: Ende, Michael: Die unendliche Geschichte, 2004
49. Hingabe: Clavell, James: Shogun, 1999
50. Motivation: Wiegand, Tina: Soulfit CD „Merlin - eine mystische Reise", 2012
51. Dankbarkeit: Watzlawik, Paul: Anleitung zum Unglücklichsein, 2009
52. Feng Shui: Kingston, Karen und Schilasky, Sabine: Feng Shui gegen das Gerümpel des Alltags, 2014
53. Schuld: Dostojewskij, Fjodor M.: Schuld und Sühne, 1866
54. Trägheit: Frädrich, Stefan und Würz, Timo: Das Günter-Prinzip: So motivieren Sie Ihren inneren Schweinehund, 2011
55. Geiz: Reinhardt, Volker: Mein Geld! Meine Seele!: Die größten Geizhälse und ihre Geschichten, 2009
56. Missgunst: Prof. Dr. Bucher, Anton: Geiz, Trägheit, Neid & Co. in Therapie und Seelsorge: Psychologie der sieben Todsünden, 2011
57. Hass: Gneist, Joachim: Wenn Hass und Liebe sich umarmen, 2003
58. Eitler Hochmut: Parkinson, C. Northcote: Parkinsons Gesetz und andere Untersuchungen über die Verwaltung, 1966
59. Habgier: Fromm, Erich: Haben oder Sein, 1976
60. Rote Schuhe: Schneider, Ralf: Die Suchtfibel, 1997

Liste der Shutterstock Fotografen:

1. Mesotriarchat - Reinhold Leitner/shutterstock.com
2. Herkunftssystem - tongo51 /shutterstock.com
3. Zeugung - Tonis Pan /shutterstock.com
4. Schwangerschaft - ElenaShow /shutterstock.com
5. Geburt - Mona Makela /shutterstock.com
6. Eigendrehung - Nucleartist /shutterstock.com
7. Drehung um andere - denog /shutterstock.com
8. Gravitation - Diez Artwork /shutterstock.com
9. Fliehkraft - Raskic /shutterstock.com
10. Schule - Kisialiou Yury /shutterstock.com
11. Pubertät - Lightspring /shutterstock.com
12. Normalität - Balfire /shutterstock.com
13. Tafelritter - Sibrikov Valery /shutterstock.com
14. König Artus - Sashkin /shutterstock.com
15. Merlin - Lulish Viktoria /shutterstock.com
16. Spiritueller Lehrer - Dmitrij Skorobagatov /shutterstock.com
17. Lotuszeit - america365 /shutterstock.com
18. Alter Narr - koya979 /shutterstock.com
19. Tyrann - Jezper /shutterstock.com
20. Raubritter - Andrey Kuzmin /shutterstock.com
21. Liebe - Angelo Samacchiaro /shutterstock.com
22. Hörigkeit - Dim Dimich /shutterstock.com

23. Luxus - Dimedrol68 /shutterstock.com
24. Voodoo - Vladislav Gajic /shutterstock.com
25. Affenzirkus - Lightspring /shutterstock.com
26. Verirrungen - wacomca /shutterstock.com
27. Müllseiten - Konstantin Faratinov /shutterstock.com
28. Hemmnis - Karnata /shutterstock.com
29. Magie - Nata-Lia /shutterstock.com
30. Spiegel - Bruno Passigatti /shutterstock.com
31. Kreativität - Frank Fiedler /shutterstock.com
32. Bildung - Taurus /shutterstock.com
33. Flow - KellaNeokow EliVokounova /shutterstock.com
34. Handschrift - Dmitry Melnikov /shutterstock.com
35. Einfluss - Glück /shutterstock.com
36. Transformation - Olinchuk /shutterstock.com
37. Instinktnatur - Olek Kozlov /shutterstock.com
38. Intuition - Tischenko Irina /shutterstock.com
39. Staunen - Eric - Isselee /shutterstock.com
40. Zeitherrscher - nicht veröffentlicht /shutterstock.com
41. Heilung - Knumina Studios /shutterstock.com
42. Verantwortung - Dutch Scenery /shutterstock.com
43. Couch - Trisha /shutterstock.com
44. Talent - hdigital /shutterstock.com
45. Konzentration - aquariagirl1970 /shutterstock.com
46. Zeremonie - Ersler Dmitry /shutterstock.com
47. Inneres Kind - Katrina Elena /shutterstock.com
48. Märchen - Diez Artwork /shutterstock.com
49. Hingabe - Jag_cz /shutterstock.com
50. Motivation - O.V.D /shutterstock.com
51. Dankbarkeit LuckN /shutterstock.com
52. Feng Shui - Venus Angel /shutterstock.com
53. Schuld - albund /shutterstock.com
54. Trägheit - Aleksander Groudanovski /shutterstock.com
55. Geiz - Diez Artwork /shutterstock.com
56. Missgunst - Kaza /shutterstock.com
57. Hass - vichie81 /shutterstock.com
58. Eitler Hochmut - vassa /shutterstock.com
59. Habgier - tavi /shutterstock.com
60. Rote Schuhe - Sokkete /shutterstock.com

DAS LOTUS-BUCH
Ich bremse auch für Führungskräfte
Einführung in den Wiegandschen Lotus

Eine ausführliche Beschreibung des „Wiegandschen Lotus“ finden Sie in dem „Lotus-Buch“, sowie eine Einführung in das Model „Spiral Dynamics“. Mit den beiden Ansätzen haben Sie ein umfassendes Gerüst und viele Inspirationen für das umfassende Verständnis des „Faktor Mensch“. Holen Sie sich das wertvolle Buch im Online Shop von www.soulfit.de oder im Buchhandel ISBN 978-3-943-746-11-2

TINA WIEGAND

wurde 1959 in Remscheid geboren. Sie ist Geschäftsführerin der Psychosophic Consultants GmbH & Co. KG, die, basierend auf dem Wiegandschen Lotus in der freien Wirtschaft beraten und Führungskräfte und Berater aus- und weiterbilden. Sie leitet diverse Supervisionsformate.

Als Initiatorin und Gründungsmitglied des Soulfit Factory e.V. engagiert sie sich ehrenamtlich für die Überwindung des Mangel- und Armutsdenkens in der Gesellschaft.

Im Soulfit Verlag erscheinen ihre CDs und Bücher. Die Mutter zwei erwachsener Söhne ist Autorin und gefragte Beraterin und Referentin, wenn es um die Integration des „Faktor Mensch“ und die Nutzung unbewusster Ressourcen für die Umsetzung von Unternehmens- und Lebenszielen geht.

Kollegen-Brainstorm über Tina Wiegand

- geduldiger, friedfertiger Tausendsassa, solange man Respekt wahrt;
- Isst Lakritz, aber keine kleinen Kinder;
- Tiefgründiger Skorpion, der sich zeitweise den Stachel verbiegt, um andere nicht zu erschrecken;
- Ist zwangsläufig ehrlich, denn wenn sie versucht zu lügen, sieht sie aus, wie ein Golden Retriever, der den Schinken vom Tisch geklaut hat;
- Schmeißt mit harten Gegenständen, wenn man versucht sie zum Guru oder zum Messias zu machen;
- Schreibstil: rotzfrech;
- überzeugte Freiheitsfanatikerin;
- Pionierin in Bereichen, wo andere sich nicht hin trauen;
- Beunruhigende Treffsicherheit mit Intuition und Röntgenaugen;
- Findet Öl, Gold und andere Schätze, egal wo sie buddelt - und sie buddelt immer!
- Schlägt Kapriolen in Tiefen, wo andere zum Plattfisch werden;
- Wer dann noch nicht heult, den zerlegt sie mit ihren Kompositionen;
- Ist nicht nur Friend, sondern Blutsverwandte von Fisherman, die immer hofft, dass Sie stark genug sind;
- Schmeißt Ihr Glaubenssystem so lange durcheinander, bis Sie die Eisberge versetzen, auf die Ihre Titanic Kurs genommen hatte;
- Gibt Ihrer Sprachlosigkeit Worte, die Sie gut kauen müssen, bevor Sie sie schlucken können;
- Begleitet Sie durch Abgründe - unter Absingen rheinischer Schoten.

Ende